幼儿园科学教育活动设计与实施

李 丹 衡林利 胡 媚 主编

延边大學出版社

图书在版编目（CIP）数据

幼儿园科学教育活动设计与实施 / 李丹，衡林利，胡媚主编 . -- 延吉：延边大学出版社，2023.1

ISBN 978-7-230-04479-0

Ⅰ . ①幼… Ⅱ . ①李…②衡…③胡… Ⅲ . ①幼儿园—教学活动—教学设计Ⅳ . ① G612

中国国家版本馆 CIP 数据核字（2023）第 027588 号

幼儿园科学教育活动设计与实施

主　　编：李　丹　衡林利　胡　媚
责任编辑：徐晓霞
封面设计：文合文化
出版发行：延边大学出版社
社　　址：吉林省延吉市公园路 977 号　　　　邮　编：133002
网　　址：http://www. ydcbs. com　　　　E-mail：ydcbs@ydcbs.com
电　　话：0433-2732435　　　　传　真：0433-2732434
印　　刷：天津市天玺印务有限公司
开　　本：787 毫米 ×1092 毫米　　　1/16
印　　张：15.25
字　　数：263 千字
版　　次：2023 年 1 月第 1 版
印　　次：2024 年 3 月第 2 次印刷
书　　号：ISBN 978-7-230-04479-0

定　　价：50.00 元

前　言

在幼儿园，教师要有目的、有计划地利用环境，积极与幼儿互动，创造性地设计和开展丰富多彩的科学教育活动。这些活动既要符合幼儿的现有水平，又要有一定的挑战性；既要满足幼儿当前的需要，又要有利于幼儿的长远发展。因此，幼儿园科学教育活动是实现幼儿园教育目标、传递幼儿园教育内容、落实幼儿园教育任务的基本形式。

为了进一步贯彻落实《幼儿园教育指导纲要（试行）》和《3～6岁儿童学习与发展指南》，适应幼儿园课程改革的需要，培养符合社会需求的高素质、应用型的幼儿教师，使学前教育专业的学生能够基本掌握设计幼儿园科学教育活动的一般方法和指导策略，编者特编写此书。

本书以幼儿园科学教育活动设计为中心，采用模块单元的方式构建结构体系，每个模块都通过案例引入理论知识，让学前教育专业的学生在学习幼儿园教育活动相关知识时更有代入感，更能体会到理论知识的实用性。本书介绍了幼儿园科学教育活动的内涵、类型，以及幼儿园科学教育活动与幼儿学习科学的特点；介绍了幼儿园科学教育及活动设计的理论基础和基本原则；阐述了幼儿园科学教育活动的目标与内容、途径与方法，并附有幼儿园科学教育活动指导手册，包括观课、议课、说课的技能及其训练等内容。

在编写本书的过程中，编者参考了很多相关研究成果，在此对这些文献的作者表示衷心感谢！

由于编者水平有限，书中的不妥之处恳请广大专家、读者批评指正。

CONTENTS 目 录

模块一　幼儿园科学教育活动概述

　　幼儿园教育是基础教育的重要组成部分，是我国学校教育和终身教育的奠基阶段。作为幼儿园教育的基本形式，幼儿园科学教育活动是教师以多种形式有目的、有计划地引导幼儿生动、活泼、主动活动的教育过程，旨在为所有在园幼儿的健康成长服务，满足幼儿多方面发展的需要，使幼儿在快乐的童年生活中获得有益于身心发展的经验，为幼儿一生的发展打好基础。

　　本模块的思维导图如图 1 所示。

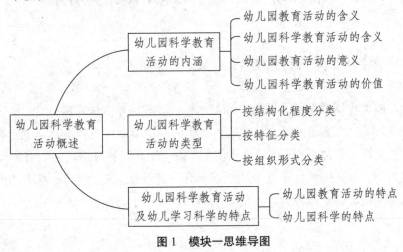

图 1　模块一思维导图

案例引入

幼儿园开学日，第一天上幼儿园的小毛在幼儿园门口和分别了一天的爸爸、妈妈会合了。妈妈问小毛："今天老师都带你干什么了啊，幼儿园好不好玩儿呀？"小毛说："今天我们看了好多蔬菜，还有好多水果……一直在和老师还有小朋友们玩儿。"小毛的爸爸听到后问："上了一天幼儿园，光玩儿了吗？老师没教你什么知识吗？"说着就去询问幼儿园的老师，听完老师的回答后，小毛爸爸感叹，原来幼儿园的教育也很专业，是循序渐进的，老师的良苦用心孩子们还体会不到。

思考：如果你是幼儿园的教师，面对小毛爸爸的提问，你应该怎么回答他？作为教师，你应该从哪些方面为家长解释幼儿园教育活动，又怎么解释科学教育活动？本模块将系统性地说明幼儿园教育活动和幼儿园科学教育活动的内涵。

第一节　幼儿园科学教育活动的内涵

一、幼儿园教育活动的含义

幼儿园教育活动是幼儿园教育的基本形式。我国学者朱家雄认为，从广义上讲，幼儿园教育活动包括在幼儿园内发生的一切活动（包括游戏活动、教学活动、生活活动、体育运动等）；从狭义上讲，幼儿园教育活动主要有游戏和教学两大类。幼儿园教育活动本质上是具有一定教育意义的，其最基本的形式和载体是游戏。幼儿园教育活动的含义包括以下三个方面。

（一）有目的、有计划的教育活动

幼儿园教育活动的目的是为所有在园幼儿的健康成长服务，满足幼儿多方面发展的需要，使他们在快乐的童年生活中获得有益于身心发展的经验，为幼儿一生的发展打好基础。为达到这一目的，幼儿园教育活动的设计与实施需要教师根据《幼儿园教育指导纲要（试行）》（以下简称《纲要》）的要求进行，从幼儿园的实际出发，结合本班幼儿的实际情况，制定切实可行的工作计划并灵活执行。

（二）以教师为主导、幼儿为主体的教育活动

幼儿园教育活动是由"教"的活动和"学"的活动复合构成的，二者相依相存。其中，教师的"教"是主导活动，幼儿的"学"是主体活动。教师在整个教育活动中居主导地位，幼儿在整个教育活动中居主体地位。在幼儿园教育活动中，教师是幼儿学习活动的支持者、合作者、引导者，幼儿在教师的引导下呈现主动活动的状态，幼儿的主动性得到最充分的发挥。

（三）多种组织形式的教育活动

幼儿园教育活动的设计与实施应根据需要合理安排，因时、因地、因内容、因材料灵活安排，以游戏为基本活动，保教并重，采取多元的组织形式，以激发幼儿的兴趣，培养幼儿的各种能力。

二、幼儿园科学教育活动的含义

幼儿园科学教育活动从狭义上来说，是指在教师的指导下，幼儿通过感知、观察、操作来发现问题并寻找答案等一系列的探索教育活动；从广义上来说，泛指使幼儿获得一切与周围客观世界有关的感性认识的过程。幼儿园科学教育属于科学启蒙教育，它在整个科学教育体系中位于初始阶段，与自然科学的学习有一定的联系。同时，幼儿园科学教育活动与幼儿园的其他教育活动也有着密切联系，为幼儿的整体、协调发展奠定了良好的基础。

三、幼儿园科学教育活动的意义

（一）是促进幼儿身心全面、和谐发展的重要途径

幼儿的学习是以直接经验为基础，在游戏和日常生活中进行的。幼儿认知的直觉行动性和具体形象性决定了其必须在丰富的教育环境中，通过直接感知、实际操作和亲身体验才能获得经验。幼儿园科学教育活动从幼儿身心发展的特点出发，以活动为基础展开教育过程，寓教育于生活、游戏之中，对促进幼儿身心全面发展具有非常重要的意义。

在幼儿园教育活动中，幼儿在原有的发展水平上，通过与物体的相互作用，与教师和同伴的互动活动，可以建构自己的认知结构，在主动的活动中学习，发展智力，体验和理解自己与他人之间的相互关系和情感。比如幼儿园普遍开展的玩沙包活动，教师在引导幼儿做向上抛沙包、将沙包投进纸盒、夹沙包向前跳、利用头肩等身体部位运沙包等游戏的基础上，进一步启发幼儿，让幼儿自己想出更多不同的玩法，充分发挥幼儿的主动性、积极性和创造性。教师可以组织幼儿开展"小小杂技师"主题活动。首先，让幼儿们感受玩轮胎的乐趣；其次，用多种方式玩轮胎；最后，通过引导使幼儿愿意向同伴学习，能与同伴一起做游戏。该活动既发展了幼儿的平衡能力、上肢力量及跳跃能力，又引导幼儿主动想办法吸引同伴和自己一起做游戏，与同伴分工合作，遇到困难时能与同伴一起克服，进而加深幼儿对自我与他人的关系的理解。

（二）是实现幼儿园教育目标、落实幼儿园教育任务的主要手段

为了实现幼儿园的教育目标，为幼儿一生的发展打好基础，教师必须以《幼儿园工作规程》和《纲要》提出的目标为指导，尊重幼儿身心发展的规律和学习特点，结合本班幼儿的发展水平，选择恰当的活动内容，兼顾群体需要和个体差异，组织幼儿积极参加有利于其快速成长的科学教育活动，使每个幼儿都能得到发展，为幼儿的未来发展打下坚实的基础。

四、幼儿园科学教育活动的价值

（一）对社会发展的价值

从社会发展的角度来讲，开展幼儿园科学教育活动是当前社会发展的需要。随着现代科技的迅猛发展，科学技术已经成为各国综合实力的衡量标准之一。科学技术逐渐渗透到各行各业，渗透到人们的日常生活中，并推动社会文明的进步。儿童天生对世界充满探索的欲望，而幼儿园科学教育为儿童打开了一扇科学的大门，对幼儿认识世界、探索世界具有重要的作用。人是推动社会文明进步的核心力量，幼儿时期的启蒙科学教育，能够满足儿童的求知欲和探究兴趣，促进儿童的智力发展，有利于其成长为高素质人才，对社会发展具有重要意义。

（二）对个体发展的价值

从个体发展的角度来讲，幼儿园科学教育活动有助于儿童未来的发展。《纲要》强调，要促进每个幼儿的个性化发展。科学教育活动作为幼儿园课程的重要组成部分，以"探索和解决问题"为核心，注重让幼儿通过自己的操作和经验认识世界。幼儿园科学教育的核心价值就是促进幼儿的发展，旨在让幼儿探索周围的世界，从而认识自然、改造自然。幼儿处于性格发展的关键期，科学教育有助于其个性发展，引导幼儿在科学探索中发现问题、思考问题，并不断尝试，积极寻找方法并解决问题，促进了幼儿意志品质的发展。与此同时，对环境的认识和情感体验是幼儿形成道德观念的情感基础，科学教育能够让幼儿切身体会到自己与周围客观世界的情感互动，有助于其情感道德观念的形成。

第二节　幼儿园科学教育活动的类型

一、按照幼儿园科学教育活动的结构化程度分类

根据幼儿园科学教育活动的结构化程度，在幼儿园具体教育实践中，可以把幼儿园科学教育活动分为以下几类：

（一）单一科目教育活动

单一科目教育活动是指由幼儿园教师设计、决定教学目标和教学内容，组织教学活动的过程。教师关注的是活动目标的达成，知识与技能的学习与掌握，而不是幼儿的生活经验与兴趣。教师根据教学计划设计教育活动方案，根据教育活动方案实施教育活动。在实施教育活动的过程中，教师可以根据实际情况对教育活动方案进行调整，但调整的范围较小。这类教育活动体现了"以教师为中心"的教育理念，此类教育活动涉及的科目主要包括健康、卫生、体育、语言、数学、科学、自然、社会、品德、音乐、舞蹈、手工、绘画、泥塑等。

单一科目教育活动主要关注知识与技能，较少顾及幼儿的情感态度和人格发展，难以真正满足每个幼儿的发展需要。单一科目教育活动是以教师为中心设计的，幼儿学习的主动性、创造性难以得到充分发挥。再者，如"数学与科学的概念"等知识也是单一科目教育活动难以传递的。

（二）整合科目教育活动

与单一科目教育活动一样，整合科目教育活动也是由教师来组织和支配教育活动过程的。二者的区别在于整合科目教育活动包含两个或两个以上科目的教育活动目标，活动的内容是多元的，活动的形式是多样的。此类教育活动整合了多个活动，整合了各科目中具有共同性质的成分，减少了单一科目教学内容的重复。但这种教育活动仍然以教师为中心，以结果为导向，并没有改变单

一科目教育活动的局限性，也不能显著提高幼儿的发展水平、满足幼儿的发展需要。

（三）单元主题教育活动

单元主题教育活动，也称综合主题活动，指的是在一段时间内围绕一个中心内容（主题）来组织的教育活动。它打破了学科之间的界限，围绕一个中心或主题将各种学习内容有机地结合起来，让学生通过该单元的主题教育活动，获得与主题有关的较为完整的经验。单元主题教育活动重点强调科目之间的横向联系。

单元主题教育活动围绕一个专题组织系列教育活动，将多个教育目标和教育内容整合起来，整合性较强，有助于幼儿在一个主题教育活动中实现多个成长目标。单元主题教育活动的设计者应尽可能地将幼儿的生活经验作为活动的主题，在活动中，可以根据幼儿的兴趣和需要适当地调整一部分教育活动，降低活动的难度。但由于调整的幅度较小，单元主题教育活动的结构化程度依然较高，其计划性、控制性和可操作性都比较强。较高的结构性决定了单元主题教育活动不可能为幼儿留出更多的主动学习的空间，难以真正做到让单元主题教育活动与幼儿的兴趣、需要相结合，也难以真正做到关注幼儿的个性差异。

（四）方案教育活动

方案教育活动，也称项目活动，是指幼儿在教师的支持、帮助和引导下，围绕某个感兴趣的话题（主题）或问题（论题）进行深入研究，在合作研究的过程中学习知识的活动。

方案教育活动与单元主题教育活动有着明显的区别。方案教育活动是动态设计、随机生成的，而单元主题教育活动是预先设计好的，活动要按照预先设计的方案进行；方案教育活动的设计与实施环节没有严格的区分，而单元主题教育活动的课程设计与实施环节是严格分开的。方案教育活动比单元主题教育活动的结构化程度低，更关注幼儿的兴趣和需要，主要以幼儿的兴趣与需要为主导，积极回答幼儿的问题。这类活动能够适应不同发展水平的幼儿的学习和发展需求，充分尊重幼儿的个性差异。然而，方案教育活动的结构化程度低，活动目标的游离性大，容易出现随意化倾向，而且方案教育活动对教师的要求较高，部分教师难以把握。

（五）区角活动

区角活动是指教师根据幼儿的发展现状和发展目标创设丰富有趣的学习活动区，引导幼儿根据自己的兴趣和能力自主地选择活动材料，在特定的环境中主动地进行操作、探索和交往的活动，从而实现幼儿的全面发展。

相对于幼儿园其他类型的教育活动，区角活动有自己的独特性。在区角活动中，幼儿根据自己的兴趣、需要和发展水平选择适宜的活动区、活动材料以及和活动材料的互动方式等，通过互动获得个性化的发展。教师主要通过创设环境、投放材料以及观察记录每个幼儿的活动情况，间接地给予幼儿适宜的指导。《纲要》指出："为幼儿的探究活动创造宽松的环境，让每个幼儿都有机会参与尝试，支持、鼓励他们大胆提出问题，发表不同意见，学会尊重别人的观点和经验。"区角活动与《纲要》的这一理念相符，力求为幼儿创设积极的活动环境，使幼儿在其中自主地进行活动，切实满足了幼儿的身心发展需要。

目前，我国大部分幼儿园的区角主要包括室外活动区和室内活动区两大部分。室外活动区主要包括种植养殖区、大型设施活动区、广场区、玩水玩沙区等，室内活动区主要包括美工区、积木区、图书区、角色扮演区、科学区、益智（操作）区、自然角、表演区等。

二、按照幼儿园科学教育活动的特征划分

根据幼儿园科学教育活动的特征，可将幼儿园科学教育活动分为以下三类：

（一）生活活动

生活活动是指幼儿在幼儿园内的进餐、饮水、睡眠、盥洗、如厕等环节，是幼儿一日活动的重要组成部分。

生活活动是培养幼儿良好行为习惯（如饭前便后要洗手、排队喝水等）的主要途径；也是培养幼儿社会性（如分享、合作等品质）的主要途径；同时也为对幼儿进行个别教育（如不良习惯的纠正等）提供了最佳时机。因此，在生

活活动中，教师要根据幼儿的身心特点，帮助幼儿养成生活自理的好习惯。

（二）游戏活动

游戏是幼儿园科学教育活动的内容和途径，能够使幼儿园科学教育活动保持生命力，渗透于教育活动的各个方面。游戏既是教育活动的内容，又是教育活动实施的手段和方法，更为教师提供了评价幼儿的依据。由于游戏中包含各个方面的发展的可能性，因此教师可以通过游戏观察并了解班里的每个幼儿，为教育活动的设计、实施与评价提供依据。游戏与教育活动之间存在一种双向关系，教育活动包含游戏，幼儿的游戏又影响着教育活动的内容。丰富的游戏内容涵盖了教育活动中各个领域的知识，还可以将各个领域的教学内容联系起来，因此游戏是一种有效的教育活动整合机制。

游戏活动可以满足幼儿的交往需要，丰富幼儿的生活经验，引导幼儿勇于尝试和探索，培养幼儿积极的生活态度，有利于幼儿的个性发展。

（三）教学活动

教学活动是指由教师依据教学目标，专门设计并组织的有目的、有计划的活动，它在促进幼儿的全面发展中具有重要作用，是幼儿在园生活的重要内容之一。教学活动的任务是教师利用幼儿园以及周围的环境资源，有目的地选择教育内容，灵活地运用多种活动形式、活动方法、活动手段，鼓励幼儿主动参与活动，积极探索周围的世界，使幼儿的身心得到全面发展。教学活动主要包括日常教学、节日庆祝、做操、劳动、参观、运动会、郊游等。

三、按照幼儿园科学教育活动的组织形式划分

根据幼儿园科学教育活动的不同组织形式，可将幼儿园科学教育活动分为以下三类。

（一）集体活动

集体活动是指在教师的直接指导下，有目的、有计划地组织幼儿在同一时间、同一空间下进行的统一活动。此类形式的教育活动更多的是为了让幼儿在

互相交流和学习中启迪思维、分享经验、体验快乐。

（二）小组活动

小组活动是指教师将全班幼儿分成几个小组进行的活动。此类活动更容易促进幼儿主动、积极地参加活动，促进幼儿和同学、教师进行深入交流。在此过程中，幼儿通过合作学习学会理解，学会交往，学会遵守共同的"游戏规则"，并可以按照自己的方式做事。随着幼儿年龄的增长，此方式越来越受到幼儿的欢迎。

（三）个别活动

个别活动一般是由一个教师对一两个幼儿进行指导的活动，也可以是幼儿自发的活动。此类活动更易于加深教师对幼儿的了解，方便教师因材施教，有针对性地开展教学工作，同时能够满足不同个体的学习需求，让每个幼儿都能够根据自己的兴趣探索周围的世界，有助于幼儿实现个性化发展，为幼儿提供了更为自由的活动空间。

集体活动、小组活动、个别活动均有不同的教育功能，必须互相配合、合理交替、互相补充。教师应根据幼儿的年龄、时间、教育内容及目标，选择不同的教育活动组织形式。对小班幼儿一般比较适合开展个别活动，而对中大班幼儿则可适当开展集体活动。

以上几种教育活动形式都有各自的特点和优势，它们之间不是互相排斥的，而是交叉融合的。教师应根据幼儿的年龄特点和教育目标灵活运用以上几种教育活动组织形式，更好地发挥它们的作用。

第三节 幼儿园科学教育活动及幼儿学习科学的特点

一、幼儿园科学教育活动的特点

幼儿的身心发展特点和学习特点决定了幼儿园科学教育活动必须具有整合性、趣味性、生活性等特点，能够保护和启发幼儿的好奇心和求知欲，促进幼儿身心全面和谐发展。

（一）整合性

幼儿的发展包括身体、认知、行为、情感等方面的发展，各个方面的发展又相互联系、相互制约，形成了一个有机的整体。因此，幼儿园教育不能以孤立地发展幼儿的某种机能为主要任务，而是要从整体的角度考虑，促进幼儿的全面发展。无论是学习活动还是游戏活动，无论是教师预设的教育活动还是儿童自主生成的教育活动，无论是集体活动还是小组活动，整合性和统一性都是其最明显的特点。这种整合性和统一性反映在活动的目标、内容、资源以及活动的方法、形式、手段等多个方面。

1. 科学教育活动目标的整合性特点

虽然我们在表述目标时会将它们分为不同的类型，如将目标分为认知、情感与态度、操作技能三个方面，但这种划分只是一种在整体、全面发展的目标下的相对划分。每一种科学教育活动的目标从根本上来说都是多领域的，而不是在单一领域内进行细化、分解的。科学教育活动的目标是教师对活动要达到的最终结果的预期。作为整个科学教育活动的核心，它制约着活动的内容，决定着活动的进程，影响着活动的方法。因此，科学教育活动目标的整合性将直接影响科学教育活动内容的整合以及科学教育活动方法、形式的整合。

2. 科学教育活动内容的整合性特点

科学教育活动领域内的整合，即在一个相对独立的领域中，前后内容上的纵向整合或不同内容间的横向整合。例如，数、空间图形、计算、时间和空间方位等，它们之间有一定的层级性、递进性和关联性。比如在具体的教育活动中，我们经常将"数的认识"与"感知、认识图形"等知识联系在一起，或是幼儿在学习"数的认识"等知识的时候，将其与已经掌握的辨数和认数技能加以联系、对比等，这种不同内容间的横向整合和前后内容上的纵向整合就是一种领域内的内容整合。

不同活动领域间的整合，是指突破领域之间的界限，实现跨领域的内容整合。相对分领域（学科）的教育活动而言，综合主题（单元）式教育活动无疑是一种更能体现整合统一性特点的活动形式。目前，综合主题式教育活动已成为幼儿园教育活动的主要形式。综合主题（单元）式教育活动通过恢复不同领域间的固有联系，将活动内容还原成整体、相互联系的状态，以构建起"多科合一"的主题网络式的活动内容结构，为儿童呈现一个具有丰富、多元的材料内容的活动场景，同时尽可能地去发现和挖掘领域间新的联系线索，从而使整合后的活动内容更贴近儿童的生活。

3. 科学教育活动在资源、方法等方面的整合性特点

《纲要》明确指出："幼儿园应与家庭、社区密切合作，与小学相互衔接，综合利用各种教育资源，共同为幼儿的发展创造良好的条件。"事实上，在幼儿园科学教育活动的实施过程中，可供利用和开发的资源是多方面的，既有来自幼儿园的，也有来自家庭和社区的，综合利用和有机协调这些资源会对幼儿园教育活动的效果和儿童的发展产生积极的影响。此外，幼儿园教育活动的形式、方法、手段也可以实现有机整合，这种整合体现在科学教育活动设计和实施的过程中。教师根据儿童的实际状况，可以有选择地整合多种不同形式的教育活动，可以整合多种活动形式，更好地帮助儿童理解数的概念，也可以在教育过程中有选择地整合操作、实验、讨论、合作探究等多种教学手段。

总之，幼儿园科学教育活动的组织形式应依据幼儿身心发展的特点和规律来选择，教师应根据幼儿的实际发展需要灵活安排教学内容。

（二）趣味性

幼儿好动、好奇、好模仿，但自制力差，只有在活动中增添趣味性才能激发他们对活动的兴趣，提高他们的学习效率。新奇、有趣是幼儿加入活动最直

接而朴素的缘由。

一方面，幼儿园科学教育活动的趣味性体现在活动内容和活动形式上。在教育内容上，教师要选择生动有趣的内容，迎合幼儿爱玩儿的天性，激发幼儿的学习热情，促进幼儿的发展。

另一方面，幼儿园科学教育活动的趣味性还体现在活动环境和材料的丰富多样上。幼儿总是在与环境和材料相互作用的过程中获得启迪，进而实现个性化发展。幼儿园科学教育活动为幼儿创设了新奇多变的环境，能满足幼儿的好奇心，激发其探究欲。可供操作、实验的环境，能满足幼儿的好动天性，启迪幼儿的思维；自然真实的环境与材料，能满足幼儿回归自然的愿望，促使幼儿大胆体验、充分发挥自己的想象力。例如，在主题活动"各种各样的建筑"中，教师引导幼儿回忆各种造型的建筑，寻找建筑与几何图形的关系，激发幼儿的好奇心和探究欲，引导幼儿说出几何图形的不同特征；利用生活中随处可见的各种形状的盒子、塑料瓶等废旧材料，引导幼儿在区角活动中利用废旧物品搭建建筑。家长也可以和幼儿一起收集世界各地的各种奇特建筑的照片或模型，这样可以开阔幼儿的眼界，充分发挥他们的想象力。

（三）生活性

《纲要》指出："幼儿园应为幼儿提供健康、丰富的生活和活动环境，满足他们多方面发展的需要，使他们在快乐的童年生活中获得有益于身心发展的经验。"幼儿园科学教育活动在体现出整合性、趣味性等特点的同时，也体现出与幼儿生活一致、密切贴近幼儿生活的世界的趋势，这便是幼儿园科学教育活动生活性的体现。

一方面，生活性体现在幼儿园科学教育活动的内容上。幼儿园科学教育活动作为学前教育的重要实施方式，必须关注幼儿的现实生活，让教学内容与幼儿的现实生活保持密切联系，而不是纯粹地从知识或学科本身的结构出发。例如，在数学教育活动中，"生活中的数学""数学的应用"已经成为幼教界广泛认同的关键口号，教师以及活动设计者不仅要帮助幼儿在生活中捕捉数学内容，同时也要引导幼儿关注生活中的数学问题并学以致用。

另一方面，生活性还体现在幼儿园科学教育活动的途径与环境、场所上。幼儿园教育活动渗透于幼儿园生活的各个环节，在开展教育活动的过程中，用接近幼儿生活、结合生活情境的方式，可以使幼儿在回归真实生活的情况下积累经验，更主动、更积极地进行探索和学习。同时，在教育活动环境和场所方面，突破有限的"活动室"空间，走进无限的"大社会"空间，也是生活性的充分体现。这种"大社会"空间，既可以是树林、草地、山坡、花园等自然科学类教育活动场所，也可以是博物馆、展览会、建筑群等人文德育类教育活动场所。例如，为了配合开展主题活动"我生活的社区"，让幼儿更好地了解自己生活的社区，幼儿园可以组织幼儿对周边社区进行实地考察与参观，让幼儿了解社区的建筑构造，感受自然与人文环境，并在活动中学习用多种方式表达自己对社区的感受。

（四）启蒙性

幼儿园教育是基础教育，是我国学校教育和终身教育的奠基阶段。其中，科学教育活动的内容、过程涉及幼儿生活的各个方面，具有广泛性和丰富性；而从幼儿的认识水平和年龄特点来看，其能接受、理解的知识又是粗浅的、初步的、简单的，具有启蒙性。例如，幼儿园数学教育的内容虽然包括数、量、形等知识，但都是很粗浅而简单的，如常见的几何图形、十以内的加减法等。因此在教育过程中，我们并不强调教学内容的系统性和逻辑性，而更应注重激发幼儿对事物的兴趣，使幼儿形成良好的学习态度和习惯，为其进一步学习打下坚实的基础。

（五）广泛性

幼儿的年龄特点和身心发展需要，决定了幼儿园科学教育目标和内容的广泛性。对幼儿来讲，其除了要认识周围世界，还要学习一些基本的生活技能和"做人"的基本态度，如卫生习惯、生活自理能力、交往能力等。但是，这样广泛的学习内容不可能仅依靠教师设计、组织的教育教学活动来完成，也不可能通过口耳相传的方式来实现，幼儿更多的是在生活中学习生活，在交往中学习交往。即使是认知方面的知识，也要紧密结合幼儿的生活经验，才能被幼儿理解和接受。因此，幼儿园课程具有明显的生活化特征。幼儿园科学教育活动应立足儿童的生活实际，丰富儿童的生活经验，并充分利用儿童的生活环境，让儿童在实际的生活情景中学习。

（六）潜在性

从本质上讲，幼儿园科学教育活动是有目的、有计划的教育过程，幼儿园课程也有明确的课程目标和基本的学习内容。但由于幼儿的身心发展有其自身的规律和特点，因此幼儿园课程不仅仅体现在课表、教材、课堂中，还体现在生活、游戏和幼儿喜闻乐见的其他活动形式中。虽然活动环境、探索环节等，都是教师根据幼儿园课程的目的、内容精心设计的，但这些内容、目的仅存在于教师的意识和行动中，幼儿并不能清楚地认识到。幼儿感受到的大多是环境、活动、材料和教师的行为，而不是教师的教育目的和期望。也就是说，幼儿园课程蕴含在环境、材料、活动和教师的行为之中，对幼儿的成长起着潜移默化的作用。

（七）灵活性

《纲要》要求教师"善于发现幼儿感兴趣的事物、游戏和偶发事件中所隐含的教育价值，把握时机，积极引导"，同时指出"教育活动的组织形式应根据需要合理安排，因时、因地、因内容、因材料灵活地运用""教育活动的组织与实施过程是教师创造性地开展工作的过程"。这表明幼儿园科学教育活动要根据教育目标、内容、本班和本园的情况，以及幼儿个体的不同情况灵活开展。例如，当雨后天空出现了一道彩虹，教师应马上组织幼儿观看，通过观察彩虹的形状、辨认彩虹的颜色、了解彩虹出现的原因等，不仅能让幼儿及时观察到这一大自然的奇观，还能让幼儿了解到其中的科学原理。例如，春天来了，教师正带领幼儿在院子里散步，发现掉在地上的一片片花瓣，于是教师让幼儿捡起来，看一看花瓣是什么颜色的，数一数有几片花瓣，花瓣又是什么形状的，比一比花瓣之间的异同，说一说还见过什么样的花瓣，等等。这样既培养了幼儿的观察能力、比较能力、表达能力，又训练了幼儿数数的技能，可谓一举多得。教师要注意观察周围的事物，及时发现教育的契机，并主动挖掘事物潜在的教育价值，不断生成新的教育内容。

（八）动态性

20世纪70年代，英国著名的课程理论家劳伦斯·斯滕豪斯认为儿童的行为结果是无法预测的，幼儿园教育活动"不应以事先规定好了的结果为中心，而要以过程为中心"，因此幼儿园科学教育活动应是广泛的、动态的。

一方面，幼儿园科学教育活动的动态性反映在活动过程上。这种动态性使幼儿园的教师能够随时根据幼儿的最近发展情况调整目标，适时地加以引导，进而促进儿童的发展。教师与幼儿作为幼儿园教育活动中相互作用的统一体，其在教育活动过程中并不是一成不变的，而是处在一个不断互动的动态过程中。幼儿园科学教育活动中的互动既包括教师与幼儿之间相互影响的行为，也包括幼儿与幼儿之间的行为。这种动态性和互动特征不仅是作为活动主体的幼儿和教师的最基本的社会活动形式，也是帮助幼儿实现知识建构，促进幼儿发展的重要条件。

另一方面，幼儿园科学教育活动的动态性还体现在幼儿园教育活动的环境上。教育活动环境的动态性是指教师根据幼儿兴趣及其与环境相互作用的情况，以及教育活动的流程，不断地调整环境，重新建构环境的特性。为了使幼儿向预期的方向发展，教师必须有计划地为幼儿创设具有教育价值的环境；同时为了使儿童能不断自主地开展活动，教师必须根据幼儿活动的发展状况不断地对环境进行调整和修改、构成和再构成，以实现两者之间的平衡。

二、幼儿学习科学的特点

幼儿是如何学习科学的？在学习科学的过程中有哪些特点？了解这些知识有助于幼儿教师在科学教育活动中把握幼儿学习科学的特点，更好地促进幼儿的学习。

《3～6岁儿童学习与发展指南》（以下简称《指南》）中明确指出："幼儿的思维特点以具体形象思维为主，应注重引导幼儿通过直接感知、亲身体验和实际操作进行科学学习，不应为追求知识和技能的掌握，对幼儿进行灌输和强化训练。""幼儿科学学习的核心是激发探究兴趣，体验探究过程，发展初步的探究能力。成人要善于发现和保护幼儿的好奇心，充分利用自然和实际生活机会，引导幼儿通过观察、比较、操作、实验等方法，学习发现问题、分析问题和解决问题；帮助幼儿不断积累经验，并运用于新的学习活动，形成受益终身的学习态度和能力。"

幼儿具有相同的思维特点，也就是说，幼儿在学习科学时拥有共同的特征。

第一，幼儿天生具有强烈的好奇心和探究欲望，他们好动、好问，关心与自然环境有关的问题，这些问题是基本的科学问题。幼儿善于发现问题，提出问题，像科学家一样孜孜不倦地去寻求问题的答案，他们不怕失败，"尝试—失败—再尝试"，最终创造性地解决问题。

第二，幼儿通过直接经验来认识事物。幼儿的思维依赖具体的动作和表象，不像成人那样可以进行周密的逻辑思考，并且他们经验不足，一般需要通过直接经验来认识事物。例如，教师说小兔子的皮毛光滑柔软，幼儿是不会理解的，他们一定是在用手触摸之后才会有这种认识。

第三，幼儿的探究方法具有试误性。受认知水平低、经验不足、思维局限等因素的影响，幼儿在探究解决问题的过程和方法上具有试误性。他们需要多次尝试，不断排除无关的因素，才能认识事物的特点，了解事物间的关系，有时需要很多次、很长时间的探索，才能接近正确答案。

第四，幼儿获得的知识经验具有"非科学性"。受经验、认识水平的限制，幼儿在科学活动中，往往用的是不完善的探究方法，其推理明显带有感情色彩，缺乏必要的逻辑性。因此，幼儿获得的知识经验经常会具有"非科学性"。他们在科学学习活动中经常模仿他人的做法，却不明白其中的道理。

幼儿在认知发展上的这些局限性，决定了他们在理解科学知识时具有一定程度的非科学性，决定了他们不能像中小学生那样学习真正的科学概念，而只能获得一些有关周围事物的浅显的经验。幼儿在学习科学时具有上述特点，但在不同的年龄段，幼儿学习科学的特点也有许多不同之处。

（一）小班幼儿学习科学的特点

1.兴趣和内容方面

小班幼儿喜欢探索日常熟悉、可反复操作的事物。例如，问他们选择什么样的车或喜欢喂养哪种小动物时，他们的反馈一般都会集中在自己玩过的玩具车或自己听过的故事中出现频率较高的小动物。他们对科学探究内容的选择具有强烈的自我中心倾向和浓厚的主观色彩，常常具有无意识性、随意性和易受干扰等特点。例如，一个幼儿选择在沙坑里挖洞，另一个幼儿往往会模仿他。

2. 探究方法方面

小班幼儿正处于从直觉行动思维向具体形象思维过渡的发展阶段,在科学探究时更依赖真实具体的事物,探究视角小,难以按一定的顺序对事物的结构和特点进行观察,认识事物往往具有片面性,难以获得整体、清晰的认识。个人单独探究多,集体合作探究少。

3. 表达交流方面

幼儿通常不喜欢观察记录,不乐意表达看法,他们与同伴之间的主动交流较少;对教师的提问虽然能给出实时的回答,但回答得极为简单,后面回答的同学极易重复已有的想法或同伴表达的内容。

(二)中班幼儿学习科学的特点

经过一段时间的幼儿园学习和生活,中班幼儿对科学的兴趣明显增强。这一时期的幼儿以具体形象思维为主,在科学学习过程中表现出与小班幼儿不同的特点。

1. 兴趣和内容方面

中班幼儿对生活中接触到的但不熟悉的事物易表现出探究兴趣,喜欢观察特征明显、多元、有变化且好玩的事物与现象。例如,问中班的幼儿喜欢哪种车,他们的回答通常是公共汽车、小汽车、消防车、救护车、坦克车、装甲车等。问他们为什么选择这些车,他们的回答很简单:好玩。中班幼儿探究的主动性在增强,他们会主动提出"汽车是从哪里来的""汽车为什么会冒烟""汽车怎么有那么多灯"等问题。但是他们的兴趣不稳定,极易受外界刺激而改变探究内容,遇到困难常常会半途而废或者效仿他人的做法,而不是自己进行深入探究,探究活动呈现表面化。

2. 探究方法方面

中班幼儿的探究视野逐渐扩大,由点扩大到面,能通过整体、有序观察,对事物进行比较。例如,中班幼儿观察小白兔时,能从头到尾地观察,在描述时不再只是说"小白兔有长长的耳朵",而是全面细致地描述小白兔的特征。还有的幼儿会情不自禁地说:"小白兔的耳朵是长长的,大熊猫的耳朵是圆圆的。"

3. 表达交流方面

中班幼儿会主动记录探究的结果,但记录时缺乏逻辑性与层次性,看到什么就记录什么；乐于和同伴交流想法，能够主动合作探究；能够进行简单的因果分析和逻辑概括。例如，问幼儿"鸟儿为什么会飞"，幼儿会回答"因为它有翅膀"。

（三）大班幼儿学习科学的特点

大班幼儿的认知水平和各种经验比小班、中班的幼儿更加丰富，这一时期幼儿的逻辑思维已开始萌芽，其在学习科学时表现的特点如下：

1.兴趣和内容方面

大班幼儿不再满足于探究眼前熟悉的一切，他们选择探究的内容更加广泛，并且开始对有一定挑战性的内容或问题表现出探究兴趣，而且喜欢关注事物的变化和奇特的现象，能够观察到事物的细节等。例如，同样是探究车的活动，大班幼儿的关注点会放在车型、车的品牌、车的速度和车的用途上，同时他们还会把它和其他的交通工具（如飞机、轮船等）联系起来。大班幼儿在探究内容和兴趣方面还表现出个性化倾向，如性格温顺的孩子喜欢救护车，性格勇敢、粗野的孩子喜欢装甲车。问起选择原因时，选择救护车的孩子的回答是"救护车能救人"，选择装甲车的孩子的回答是"装甲车不怕别的车"。

2.探究方法方面

大班幼儿能够按照预设的步骤有顺序地进行探究；能够自主探索，乐于反复尝试，不轻易放弃；能够进行简单的逻辑分析，概括能力明显提高。

3.表达交流方面

大班幼儿开始尝试多元化、个性化的记录与表达方式，常常会边探究边讨论交流，甚至还会出现争论。

上述幼儿学习科学的特点给了我们一定的启示，在对幼儿进行科学教育时，一定要注意以下两点：第一，选择适宜的科学活动内容。教师一定要根据幼儿的年龄特点，安排适宜的内容，使其符合幼儿的兴趣与需要，这样的学习才更有效。第二，在科学教育活动中，教师一定要遵循由近及远（先选择幼儿熟悉的，再选择幼儿陌生的）、由浅入深、由个别到一般、由具体到抽象，层层加深，逐步提高的原则。另外，教师还要根据幼儿的个性特点、幼儿园的教学环境和当地季节变化规律等因素对教学内容和方法做出必要的调整。

知识巩固

1. 幼儿园教师对幼儿各种学习活动的组织与指导是幼儿园教学活动的（　　）。

A. 关键

B. 基础

C. 核心

D. 特点

2. 幼儿园教学活动主要通过课堂（　　）来实施，但也可以在生活活动、游戏活动、区角活动等环节中渗透。

A. 集体教学

B. 分组教学

C. 个别教学

D. PBL 教学

3. （　　）是指幼儿园教学活动是综合性的，而非分科、单一的。

A. 生活性

B. 趣味性

C. 启蒙性

D. 整合性

4. 幼儿园教学紧贴幼儿的（　　），紧扣幼儿的（　　）。

A. 生活、直接经验

B. 兴趣、间接经验

C. 生活、间接经验

D. 日常、生活经验

5. 幼儿园教学活动环境的创设应（　　）。

A. 多样化

B. 生活化

C. 形式化

D. 常态化

【参考答案】

1.C　2.A　3.D　4.A　5.B

模块二　幼儿园科学教育及活动设计的理论基础和基本原则

　　幼儿园科学教育及活动设计是对幼儿学习活动涉及的所有方面进行分析、创设、实施、评价和研究的学科，必然以一定的理论为基础。本模块将详细介绍幼儿园科学教育及活动设计的理论基础和基本原则。

　　本模块的思维导图如图 2 所示。

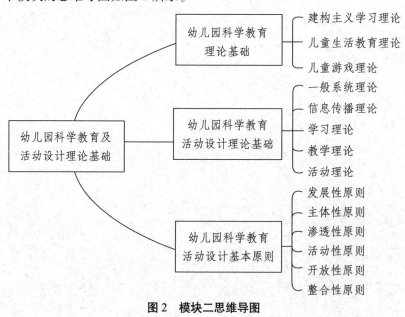

图 2　模块二思维导图

案例引入

某幼儿园大班在上科学课，教师给大家准备了 10 张图片，要求小朋友们从中选出 2 张配对，并说出自己的理由。教师展示的图片有：蚂蚁、猫、猴子、建筑物、塑料球、岩石、香蕉、幼儿投掷动作、老鼠、苹果。有的小朋友将猫和老鼠配对，理由是猫吃老鼠；有的小朋友将猫和塑料球配对，理由是猫爱玩球；有的小朋友将猴子与香蕉配对，理由是猴子喜欢吃香蕉；有的小朋友将蚂蚁与岩石配对，理由是蚂蚁常常在岩石上爬；有的小朋友将蚂蚁与建筑物配对，因为他看见蚂蚁从建筑物里爬出来；有的小朋友将蚂蚁与老鼠配对，因为蚂蚁和老鼠都生活在地下的洞里……

思考：通过这个活动我们看到，由于小朋友们的生活背景不同，他们的经验也不尽相同，每个人在自己已有经验的刺激下，给出了不同的回答。儿童是怎样学习科学知识的？教师应该根据什么理论来合理地设计科学教育活动？认真学习本模块，就能找到答案。

第一节　幼儿园科学教育的理论基础

一、建构主义学习理论

20 世纪 80 年代，西方兴起了建构主义。建构主义是建立在观察和科学研究的基础上的关于人们如何学习的基本理论，是心理学从行为主义发展到认知主义后的进一步发展，被视为"教育心理学的一场革命"。建构主义学习理论的创始人为瑞士著名心理学家让·皮亚杰，后来在苏联心理学家维果茨基、美国认知教育心理学家戴维·保罗·奥苏贝尔、美国教育心理学家杰罗姆·布鲁纳等人的推动下，这一理论得到充分发展并形成了较为完整的体系。

（一）建构主义的基本思想

1. 学习是学生主动建构内部心理结构的过程

学习的生成过程是儿童在已有知识经验（或者原有的认知结构）的基础上与环境中主动选择和注意的信息相互作用、主动建构信息意义的过程。它认为，知识首先是由人主动建构的，而不是被动接受的。与一般人们认为的"外部输入—内部生成"模式相反，建构主义认为知识不是从外部输入到人的心灵的，而是在人与外界相互作用的过程中从人的心灵内部建立起来的。其次，知识并不是对现实的准确、客观反映，它只是一种解释或假设，会随着人类认识的加深而不断变迁或更新，而非问题的最终答案。在具体的问题中，人们还需要针对具体的情境对知识进行重新加工和再创造。而且每个人都从自己特定的经验背景出发来建构知识，由于每个人的经验背景不同，建构出来的知识也必然不同。从这个意义上讲，知识只是个人经验的合理化，不可能以实体的形式独立存在于具体个体之外。最后，知识并不是任意建构的，人们在建构知识的过程中要受当时社会文化因素的影响，并需要与他人合作，不断丰富自己的知识体系，这样才能更全面地了解世界。

2. 良好的学习情境有利于意义建构

建构主义强调学习情境的重要性，提倡情境教学，认为教学应在与现实情境类似的情境中发生，以解决儿童在现实生活中遇到的问题。良好的学习情境有利于儿童对所学的内容进行意义建构。首先，情境中的任务能够让儿童了解自己要解决的问题，儿童会因此产生较强的责任感；其次，解决现实生活中的问题具有挑战性，解决了问题就会获得奖励，容易激发儿童的内部动机；最后，情境的多样性可以培养儿童的探索精神，促使儿童积极思考，并在完成任务的过程中更好地表达自己。

3. 互动是儿童建构知识的重要方式

当今的建构主义者认为，世界是客观存在的，但是对世界的理解却是由每个人自己决定的。儿童以自己的经验为基础来建构与解释现实，由于自身的经验不同，他们对外部世界的解释也存在不同。儿童对知识的建构要在个人层面和社会层面上进行。个人层面的建构是支柱，社会层面的建构使个人建构得到升华。要使儿童看到事物的不同面，儿童之间就要交流、协商、讨论、碰撞、合作，这样他们对事物的理解才会更加丰富和全面。从建构论者的立场来看，个体并不是内容和理性的占有者，而是它们的分享者。对于一个持建构论的教育者来说，主要的挑战是使学生加入一系列的对话之中。在这种情况下，学生的角色从被加工的客体转化为对话关系中的主体。

（二）建构性学习的特征

法国心理学家夏尔曾提出建构性学习应具备的四个核心特征：积极的、建构性的、累积性的、目标指引的。在上述研究的基础上，夏尔又补充了建构性学习的另外两个核心特征：学习的诊断性与反思性。

1. 积极性

建构主义认为，学习应该是积极的。20世纪初对建构主义思想做出重要贡献的美国心理学家约翰·杜威认为，真正的理解与"事物怎样动作"和"事情怎样做"有关，理解在本质上是联系动作的。与杜威同时代的维果茨基关于"心理发展的文化历史学说"的一个重要的理论假设即"人的心理过程的变化与他的实践活动过程的变化是同样的"，由此提出个体活动是儿童心理发展的基础，是教育过程的基础，而一切教育的艺术则应该归结为引导和调节这一活动。显然，无论是杜威的"做中学"，还是维果茨基的"活动与心理发展统一"的观点，抑或在此基础上发展起来的各种建构主义学习理论，都强调学生在建构性学习中的积极作用。

2. 建构性

学习是建构性的，因为在学习时学生必须对新的信息进行加工并将其与其他信息关联起来，以便在保持简单信息的同时理解复杂信息。持建构主义观点的学者认为，建构主义不是一种适应某些条件的教学策略，而是一种学习的哲学，是了解世界的方式。因此，建构性的学习方式与真实的本质、知识的本质、人的交互作用的本质以及科学的本质是相关的。所谓真实的本质，是指心智的表征具有"真实的"本体状态，即外部的世界；知识的本质则强调知识是由个人建构的，它存在于人的头脑之中；人的交互作用的本质是指个人在知识的建构中必须依靠有意义的共享与协商，人际关系最基本的形式应该是合作而不是权威型的命令或控制；科学的本质在于随着人的活动过滤事物。上述四种本质决定了学习的建构性特征。

3. 累积性

学习是累积性的，因为在建构主义的学习中，一切新的学习都是以学什么、学多少、怎样学的方式建立在以前学习的基础上的，或者都会在某种程度上利用以前学习的知识。例如，在解决问题的过程中，总要有一个原有知识的激活阶段，然后通过同化或顺应过程重建新知识与原有知识结构之间的联系，使认知发展从一个平衡状态进入另一个更高的平衡状态。显然，在建构主义的学习中，知识的累积是必要的，但这不是知识的简单叠加，而是对原有知识的深化、突破、超越，强调知识的质变。

4. 目标性

建构主义的学习是目标明确的，因为只有学生清晰地意识到自己的学习目标并获得所希望的成果，学习才可能是成功的。但必须注意的是，建构主义学习中的目标指引不同于由外部目标驱动的传统学习与教学中的目标指引。一方面，学习的目标不是由他人设定的，而是形成于学习过程的内部，由学生自己设定的；另一方面，学习目标的形成与学习过程中产生的真实任务有关。所谓真实任务，是指与真实世界相关、具有实用性和适度复杂性、跨学科的整合性任务。在解决这种真实任务的过程中，学生始终面对的是结构不良或定义不完善的问题领域，因此真正的学习目标只可能产生于学习过程的内部，产生于学生与教师、教学内容、学习环境的相互作用之中。而且，在学习的过程中，学生可以从学习的需要出发，对初始目标进行分解或将其转换为其他目标。由此可见，在建构主义的学习中，目标自身也成为可以建构和变革的一部分。显然，在建构主义学习中，学习目标的功能如同灯塔一样起着整体的导向作用。在动态的学习过程中，教师应鼓励学生确立自己的目标，通过不同的途径达到目标并评定自己在达到目标的过程中获得的进步。

5. 诊断性与反思性

以诊断性与反思性作为建构主义学习的核心特征，意味着学生必须从事自我监控、自我测试、自我检查等活动，以诊断和判断自己在学习中所追求的是不是自己设置的目标。显然，诊断与反思是建构主义学习评价的重要组成部分。这种源于建构观的评价应该较少使用强化和行为控制工具，而较多使用学生的自我分析和元认知工具。通过诊断和反思进行的建构主义的评价应该是审视建构过程的一面镜子，它所面对的是动态、持续、不断呈现的学习过程以及学生的进步情况。这一评价的目的在于更好地根据学生的需要和不断变化的情况修改和完善自己的策略，以使学生通过建构主义的学习，朝着正确的方向不断地进步。

（三）建构性学习过程中教师的作用

建构主义认为，情境、协作、会话和意义建构是儿童学习的四大基本要素。第一，情境。学习环境中的情境必须有利于学生对所学内容的意义建构。第二，协作。教师与学生、学生与学生之间的协作贯穿学习过程的始终。第三，会话。会话是协作过程中不可或缺的环节。学生与学生之间、学生与教师之间必须通过会话来商讨怎样完成规定的学习任务。第四，意义建构。意义构建是整个学习过程的最终目标。要建构的意义指的是事物的性质、规律以及事物之间的内在联系。

基于上述四大要素，教师在教学实践中应当扮演合适的角色，以发挥恰当的作用。

1. 教师是情境的主动创设者

在建构主义思想中，情境创设被视作教学设计的重要内容之一。而由于传统的课堂讲授模式不能提供生动、丰富的实际情境，学生难以完成对知识的意义建构。因此，教师要主动创设与生产生活联系得较为密切的教学情境，使学生能利用自己原有的认知结构同化或顺应当前所学的知识，从而赋予它们新的意义。

2. 教师是合作的周密组织者和高级伙伴

每个学生都有自己的认知结构，对现实世界都有各自的理解，所以有的学生在学习中获得的信息与真实情况可能不符。教师要关注和尊重学生的这些差异和矛盾，周密组织并参与学生的讨论和交流，充当高级伙伴，不"居高临下"、不当局外人、不做旁观者。通过这样的协作学习，每个学生的智慧都可以被整个群体共享，即整个学习群体共同完成对所学知识的意义建构，而不是仅有一个或几个学生完成对所学知识的意义建构。

3. 教师是会话的积极引导者

建构主义强调"以学生为中心"，这就要求教师把学生放在教学活动的中心位置，但它并不排斥教师的合理引导。相反，为了使意义建构更为有效，教师应尽可能地对学生的会话进行积极引导,使之朝着有利于意义建构的方向发展。

4. 教师是意义建构的支持者

教师就像一个"脚手架",引导学生进行学习。当学生能够规划好自己的学习任务时,教师的帮助就应该逐渐减少。因此,这里所说的"支持"是引导性的帮助,现在对学生进行帮助是为了使他们以后能够独立进行探究。如某幼儿园教师通过观察本班幼儿在蒙氏活动中的表现,发现某幼儿在操作红蓝数棒时,把数棒 9 和数棒 1 连在一起,把数棒 8 和数棒 2 连在一起,发现它们的长度一样,数目也一样,接着又把数棒 7 和数棒 3 连在一起,把数棒 6 和数棒 4 连在一起。教师看到后就走过去,提示幼儿把数卡放在相应的数棒上,看看有什么发现,结果这名幼儿发现,9 和 1、8 和 2、7 和 3、6 和 4,合起来都是 10,教师进而引导他看看 10 可以分成几和几。

(四) 建构主义对幼儿园科学教育的启示

建构主义对幼儿园科学教育的启示表现在以下三个方面:

1. 注重儿童自身已有的经验

任何内容的学习都不是"在白纸上作画",而是在原有的认知经验的基础上进行的。在进入幼儿园之前,幼儿或多或少地积累了部分相关内容的经验。例如,在教师指导幼儿学习某种植物前,幼儿已经在父母的教育下和与大自然的接触中掌握了有关这种植物的一些经验。因此,在做活动准备时,教师要考虑到幼儿的这些经验,即维果茨基的最近发展区理论中提到的"儿童现有的水平"。

2. 知识是学生建构的,不是教师提供的

对幼儿来说,他们并不能直接把知识从外界搬到自己的记忆中,而需要以固有经验为基础,通过与外界的相互作用来建构新的理解。对教师来说,他们并不能把自己所知所会灌输给幼儿。教师的作用在于提供材料,创设活动情境,在幼儿需要时给予恰当的帮助,教师是支持者、帮助者、引领者、合作者与分享者。幼儿是活动的主体,教师要调动幼儿学习的主动性、积极性,使他们主动地动口、动手、动眼、动耳、动脑,去实际操作、体验和表现,使幼儿的学习活动具有更强的自主性、参与性和合作性。幼儿园科学教育活动是指教师通过提供材料、创设环境,引导幼儿自己去观察、操作、探索、游戏,从而主动地建构知识。

3. 个人建构与社会建构是有机结合的

幼儿获得知识的途径有两个：一是幼儿自主探索、思考，二是幼儿之间的社会性交流互动。而在实际学习中，两者往往是你中有我，我中有你的，很难分辨哪种知识是通过个人建构获得的，哪种知识是通过社会建构获得的，也没有必要把二者分清楚，因为知识的获得往往是二者共同作用的结果。所以，幼儿园的科学教育活动，既要重视幼儿的自主探索，又要重视幼儿间的合作交流。

二、生活生活教育理论

生活教育理论是美国哲学家、教育家杜威提出的，我国教育家陶行知对杜威的生活教育理论进行了继承与完善，并加以推广，使儿童生活教育理论在我国产生了一定的影响。

（一）杜威的生活教育理论

杜威从不同的视角多方面地论述了教育的本质问题，他把教育的本质概括为"教育即生长、教育即生活、教育即经验的不断改造"。杜威从社会学观点出发，认为教育的本质即生活。他指出，儿童的本能生长总是在生活过程中展开的，或者说生活就是生长的社会性表现。他说："生活即发展。发展、生长，即生活。"在杜威看来，最好的教育就是"从生活中学习"，学校应该将儿童现有的生活作为其学习的主要内容。他认为，教育就是儿童现在生活的过程，而不是未来生活的准备，因此要把教育与儿童眼前的生活结合起来，教儿童学会适应眼前的生活环境。他曾给教育下过一个定义："教育就是经验的改造或重新组合。"在他看来，儿童的一切学习都来自经验，教育必须从儿童的实际生活经验出发。与注重文字科目相比，学校的课程更应注重儿童现有的生活经验，教学应从儿童现有的直接经验开始，培养儿童对现实社会的适应能力（其具体方法是学校提供过去由家庭负担的那些教育因素），把各种不同形式的劳动作业（如烹调、缝纫、木工等）引入学校课程，使儿童在生活的过程中学习。

杜威提出"教育即生活"的观点之后，又提出了"学校即社会"的思想，他认为应该把学校办成"一个小型的社会、一个雏形的社会",在这样的环境中可以培养出适应当前生活的人。

（二）陶行知的生活教育理论

陶行知继承并改造了杜威的教育思想,形成了自己的生活教育理论,主要内容有:生活即教育、社会即学校、"教学做"合一。

1. 生活即教育

陶行知在批判地吸收杜威的"教育即生活"理论的基础上,形成了自己的生活教育理论,核心是"生活即教育"。

（1）生活是教育的源泉

陶行知认为,人们的社会生活不同,所受教育也不同。"过好的生活,便是受好的教育;过坏的生活,便是受坏的教育""过健康的生活便是受健康的教育;过科学的生活便是受科学的教育;过劳动的生活便是受劳动的教育"。换言之,"要想受什么教育,便须过什么生活"。陶行知主张人们要积极投入到生活中去,接受好的教育。他认为只有以实际生活为源泉,教育领域才宽广。

（2）实际生活是教育的中心

"生活即教育"是人类社会原来就有的,自有人类生活起便有生活教育,生活教育随着人类生活的变化而变化。他认为"从大众的立场上看,社会是大众唯一的学校,生活是大众唯一的教育"。他还认为"生活教育是生活所原有、生活所自营、生活所必需的教育"。生活教育就是在生活中受教育,教育在种种生活中进行。

（3）生活决定教育,教育改造生活

从生活与教育的关系看,生活决定教育的目标、内容、原则、方法,人过什么样的生活,便受什么样的教育。教育要通过生活来进行,儿童的生活就是儿童教育的全部。生活是发展的,教育也应该随之不断变化。教育不是被动地受生活的制约,而是能动地促进生活的改善,教育能改变人的思想,帮助人掌握生活技能,从而改造生活。

2. 社会即学校

陶行知把杜威的"学校即社会"改造为"社会即学校",主张凡是生活的地方都有教育,社会中各行各业的人都是先生,同时也都是学生。现在人们已经认识到影响幼儿发展的因素多种多样，包括家庭、幼儿园、社区、传媒等，社会的各个成分无不对儿童的发展产生影响。

3."教学做"合一

以儿童生活为中心，怎样"做"就怎样"学"，怎样"学"就怎样"教"。在这三者中，陶行知强调"做"是中心，是知识的源泉。"教学做"不是三件事，而是一件事，不能分开。一个活动对事来说是"做"，对己来说是"学"，对人来说是"教"。在"做"的基础上"教"的人是先生，在"做"的基础上"学"的人是学生。

（三）儿童生活教育理论对幼儿园科学教育的启示

《纲要》提出："科学教育应密切联系幼儿的实际生活进行，利用身边的事物与现象作为科学探索的对象。"陶行知认为，教育应以生活为中心，没有生活做中心的教育是死的教育，没有生活做中心的学校是死的学校，没有生活做中心的书本是死的书本。科学教育不能局限于书本和幼儿园，贴近幼儿生活的教育才是最好的教育。

1.幼儿园科学教育内容要生活化

无论是杜威的"做中学"，还是陶行知的"教学做"合一，都强调儿童的操作与探究是学习的核心。陶行知认为，行是知之始，知是行之成；"教学做"合一，是以生活为中心的；"做"是中心，是知识的源泉。陶行知还认为，"做"有其特别的含义。单纯的劳力，只是蛮干，不能算"做"；单纯的劳心，只是空想，也不能算"做"；真正的"做"是在劳力的基础上劳心。可见，陶行知的生活教育理论说明，儿童只有在充分操作、探究的基础上，积极思考答案，既动手又动脑，才能真正地学习。

由以上内容可知，最好的教育是从生活中学习。因此，教师要注重幼儿园社会化情境的创设，鼓励幼儿参与社区中的一些必要活动。"教学做"合一，即幼儿要从"做"中"学"，教师要从"做"中"教"，"教学做"是一个不可分割的统一体，是一个问题的三个方面，幼儿园的教育教学应该做到三者统一。

2."生活即教育"是一种终身教育，是与人生共始终的教育

陶行知认为，生活决定教育，以生活为中心，有生活就有教育，这种教育与生俱来。也就是说，人一出生，教育就开始了，因为人一出生就得生活，直

到人的生命结束，教育才算结束。这为科学教育从学龄前儿童抓起提供了必要的理论根据，对幼儿园科学教育的必要性和可行性做了充分的说明。

三、儿童游戏理论

（一）儿童游戏理论学说

关于儿童游戏，许多心理学专家、教育学专家从不同视角做了详尽的论述，概括起来有以下五种理论学说：

1. 精神分析理论说

奥地利心理学家西格蒙德·弗洛伊德认为，游戏是补偿现实生活中不能满足的愿望和克服创伤事件的手段。儿童和成人一样，也有着种种欲望需要得到满足和表现。由于儿童生活的客观环境不能放任儿童为所欲为，儿童的许多欲望得不到满足和表现。而游戏则是一种保护性的心理机制，儿童在游戏中可以摆脱现实的强制和约束，尝试在现实生活中不能实现的危险行动，缓和内心的紧张，发展自己的力量以适应现实的环境。

2. 认知动力理论说

瑞士心理学家皮亚杰认为，儿童进行游戏是由其认知发展的内在动力决定的。儿童在游戏中可以认识新的事物，可以巩固和扩大已有概念，也可以发展新的认知结构。游戏的发展水平是与儿童智力发展的水平相适应的。在智力发展的不同阶段，游戏的类型是不同的。

3. 学习理论说

美国心理学家爱德华·李·桑代克认为，游戏也是一种学习行为，受社会文化和教育要求的影响，各种特定的文化对不同的行为会给予不同的奖励或抑制，这种社会文化的差异反映在儿童的游戏中。游戏遵循效果律，效果律强调强化会增加一种反应出现的可能性，而惩罚则会减少它出现的可能性。

4. 谢尔曼科学游戏论的基本观点

（1）科学是一种有规则的游戏

美国心理学家迈克尔·谢尔曼认为，科学是每个人的事，它离我们的生活并不遥远，就像我们玩游戏一样。科学游戏要求人们遵守一定的游戏规则：诚实，不可作弊；不随便相信别人的话，亲自操作看看是怎么回事；根据过去的发现来改进科学游戏；尽量寻找"合乎自然"的答案；争辩必须要有依据；在科学界没有一件事是可以完全肯定的；科学是没有秘密的；科学家们都勇于认错。

（2）把科学方法用于人类生活，把科学变成好玩的游戏

第一，使科学成为儿童生活的一部分。让科学普及化，成为儿童生活的一部分，这是谢尔曼研究和宣传科学教育的目的。从幼年起就教导孩子掌握科学方法，可以使他们在长大后把科学的法则广泛地运用到生活中。科学不仅是学说，更是一种思考方式。

第二，每个孩子都是科学家。小孩子个个都是天生的科学家，他们好奇、好问，生机勃勃、充满活力地探索周围世界。他们什么都想知道，他们最初关心的问题都和自然环境有关，他们想要知道很多事情是怎么一回事，以及世界为什么是现在这个样子的。

第三，教孩子科学地思考。谢尔曼认为，研究"究竟是什么"在科学上有着非常重要的意义。他认为对孩子进行科学教育最主要的目标并不在于教孩子想"什么"，而在于用合乎科学的方式教他们"怎么"想。如果想要教会孩子想什么，那么该教的东西可以说永远也教不完；但是如果要教会他们怎么思考，那么孩子便会自己弄清楚该想些什么。

第四，把科学变成好玩的游戏。科学游戏如何进行，也就是如何结合日常生活做科学实验的问题。科学实验虽然在细节上各不相同，但都有几个共同的特性，而这几个共同的特性形成了科学方法的基础。我们可以用观察、推论、预测、实验这四个简单的过程来概括说明什么是科学方法。

5. 游戏是儿童的权利

游戏是儿童身心发展的需要，尊重和保护儿童的游戏权已经成为人类文明进步的标志和现代社会发展的趋势之一。1998年8月召开的世界儿童教育大会的主题就是保护儿童游戏的权利。另外，《儿童权利宣言》《儿童权利公约》都把游戏作为儿童的基本权利之一。我国颁布的《中华人民共和国未成年人保护法》《幼儿园工作规程》等一系列法律法规都对儿童的游戏权利进行了明确规定，尤其是在《幼儿园工作规程》中提出了幼儿园以游戏为基本活动的要求，这不仅从教育的组织形式上突出了学前教育与其他阶段教育的不同，更重要的

是从教育立法的角度，保障了儿童游戏与发展的权利。

保障儿童游戏的权利，不仅是政府和学前教育机构的责任，也是社会和家庭的责任。成人要摈弃只重视传授儿童知识和技能的传统观念，要让儿童成为真正的儿童，而不是成为"小大人"。成人还要保证儿童的游戏时间，为儿童提供充足的游戏材料，给予儿童自由游戏的选择权，使游戏真正成为儿童的基本活动。

（二）游戏与儿童的发展

1. 游戏与儿童发展的关系

游戏与儿童发展的关系主要包括四个方面：游戏与儿童身体、游戏与认知、游戏与社会、游戏与情绪情感。德国教育家弗里德里希·威廉·奥古斯特·福禄贝尔认为，游戏在学前教育体系中占有独特的地位，它既是组成儿童生活的一个重要方面，也是学前教育中一种主要的教育手段。儿童的生活离不开游戏，游戏不仅可以使儿童内心的冲动得以表现，使儿童感到兴奋、愉快、幸福，还能促进儿童身体和感官的发展，提高他们认识自然和社会的能力。游戏还能预示儿童未来能力的发展方向。

北京师范大学教授刘焱阐述了儿童游戏的发展价值，她认为游戏在儿童身体发展中（尤其是在儿童运动能力和技能方面），在儿童认知发展中（尤其是在概念的获得、问题的解决等方面），在儿童社会性发展中（尤其是在亲子关系、伙伴交往、亲社会行为及行为规范的掌握、"去中心化"等方面），在儿童情感发展中以及在儿童个性特征的形成中都具有一定的作用。

2. 游戏与教学、课程的关系

（1）游戏与教学的关系

刘焱认为游戏与幼儿园教学并非并列关系，而是包含关系，幼儿园教学应当渗透于游戏等在内的幼儿园一日生活的各个环节中。

（2）游戏与课程的关系

刘焱认为游戏与课程的关系依从于人们对课程概念的理解。如果将幼儿园课程理解为学业知识和技能的传授，那么游戏只是传授知识和技能的教学手段或方法；如果把课程看作"根据幼儿园教育目标为幼儿设计和组织的、有益于其身心健康和谐发展的全部学习经验"，那么游戏既可以被看作幼儿园课程的

"内容"，也可以被看作幼儿园课程的"形式"。游戏以手段、内容和形式的双重身份渗透到学前课程中，给幼儿园课程注入了活力，幼儿园课程也会使游戏变得更有魅力。

（三）儿童游戏现状及对策

1. 现代化进程对儿童游戏的影响

第一，高度的城镇化缩小了幼儿游戏的自然空间。城镇化使城市幼儿越来越远离自然，使儿童的游戏空间越来越封闭。第二，高度科技化简化了幼儿游戏的创造过程。第三，高度的智能化削弱了幼儿游戏的运动活力。

2. 幼儿园游戏现状

当前，幼儿园教师关注的是游戏化的教学，即主要关注的是教学而非游戏，或者是与教学目标的实现直接相关的游戏，而非幼儿自发的纯粹游戏，其主要着力于创新区角活动和主题活动等游戏化教育形式。在幼儿园中，幼儿享受游戏的时间比过去少了，空间也被压缩，角色游戏和结构游戏水平也不如以前。概括来讲，出现这种状况的原因有以下五个方面：第一，角色游戏和结构游戏被缩小到了区角中。第二，有了活动区却减少了游戏内容。第三，教师把角色游戏和结构游戏看成真正意义上的游戏。第四，教师对游戏价值的认同与对游戏的实际重视程度是矛盾的。第五，小学化倾向使游戏活动减少甚至被完全取消。

3. 采取措施，保障儿童的游戏权利

第一，从幼儿园的角度看，保障游戏的时空就是保障儿童游戏的权利。第二，从社会保护的角度看，首先要加大宣传力度，形成保护儿童游戏权利的全民意识；其次，提供物质保障，完善游戏设施；最后，把保护儿童游戏权利与保护儿童紧密结合起来。第三，从历史生态学的角度看，真正意义上的游戏权利的获得离不开良好的教育引导。儿童只有在不断提高自律性的前提下，才能最大限度地享受游戏的权利。

4. 幼儿园要做好相关工作

第一，幼儿园要解决两个核心问题：一是游戏与主题活动、活动区活动的关系；二是把握自发性游戏指导的抓手（或者说教师对儿童自发性游戏的介入时机、方式、内容等）。第二，在幼儿园的课程中体现"以游戏为基本活动"

的理念：一是模糊教学与游戏的界限，使两者融合；二是分清游戏与教学的界限，使两者并列，相对独立。第三，反对自由放任式的游戏，主张教师参与和指导幼儿的游戏，使幼儿在游戏中获得有益的学习经验。

（四）儿童游戏理论对幼儿园科学教育活动的启示

1. 游戏是幼儿教育的手段，更是重要内容

游戏是儿童生活的重要组成部分。通过游戏，儿童可以对自然、社会和人生有一定的理解；通过游戏活动，儿童各个方面的能力都能得到发展和提高。因此，游戏是学前教育的重要手段。从游戏内容上看，儿童在游戏探索过程中涉及的自然界和社会生活领域的各种知识经验，创造表现过程中涉及的想象、构思、操作，运动过程中涉及的动作、技能、大小肌肉的平衡协调力，游戏规则内化过程中涉及的对规则的理解、遵守和利用规则进行的同伴交往等，正是德、智、体、美教育的重要内容。因此，游戏不仅是学前教育的手段，更是学前教育的重要内容。

2. 重视游戏在科学活动中的重要作用

第一，游戏能够使幼儿在轻松愉快的活动中丰富科学经验。例如，在幼儿园沙坑区，小朋友们三五成群地用小铲子、小碗、小勺等工具玩着各自喜欢的游戏，有的小朋友在用小铲子挖洞的过程中，发现不能挖很深的洞，因为沙子很容易塌陷，通过这样的活动感知到沙子的松散性；有的小朋友在修碉堡的过程中，发现沙子遇水之后变得比较坚固；有的小朋友把沙子从一个小碗倒入另一个小碗，从中感知到沙子的体积。

第二，游戏能够使幼儿复习和巩固已有的知识。如幼儿已经学会了滚铁环，但他们还是不厌其烦地玩这个游戏。这是因为，幼儿除了能从中得到快乐外，还能加深自己对推力与铁环速度的理解。如不仅小班幼儿喜欢滑滑梯，大班幼儿也喜欢滑滑梯，通过反复滑滑梯，他们可以体会速度与斜坡之间的关系。

第三，游戏能激发幼儿对科学现象的兴趣。例如，一个三岁的幼儿在画架上涂涂抹抹，他偶然把蓝色和黄色混在一起涂在画纸上，发现颜色突然变成了绿色，于是产生了巨大的好奇心，在教师的引导下动手进行其他各种颜色的组合试验，获得了颜色混合的知识。

第四，游戏能发展幼儿的观察能力和思维能力。如通过接龙游戏，拼出青蛙的发育过程。教师在卡片上分别绘上青蛙卵、蝌蚪、长后腿、长前腿、尾巴退化、成蛙的样子，然后把所有卡片混在一起，让幼儿按青蛙的成长顺序接龙。比如拼图游戏，将春、夏两幅景图分割成多块，混在一起让幼儿分别拼好。

3. 尊重儿童在游戏中的独创性

游戏具有开放性和创造性，是与幼儿身心发展特点相适应的学习方式。游戏中的儿童是自由自在、充满想象力的。儿童在游戏中最喜欢创造和变化，即使是一个小球、一块石子和一片树叶，儿童在游戏时也能对其进行创造和改变。有时这些创造是成人想象不到的，儿童却在游戏中实现了自己的梦想。因此，教师在为儿童提供游戏材料时，应当为儿童的探究与想象留有余地，要鼓励儿童大胆地探索与创新，允许儿童对游戏的玩法提出自己的见解，鼓励他们交换想法。

总之，游戏是幼儿园课程的一部分，幼儿园教育工作的原则是以游戏为基本活动，寓教育于各项活动之中。在幼儿园科学教育活动中，科学游戏是科学教育的重要活动形式，教师应根据幼儿的年龄特点选择相应的游戏，但这并不代表要用游戏代替所有的科学教育活动，对待科学活动要有一套严谨的操作方法，还要有实事求是的态度。因此，在幼儿园科学教育中，教师应因地制宜地为幼儿创设游戏条件（时间、空间、材料等），并结合其他科学教育形式达到科学教育的目的，促进幼儿能力和个性的全面发展。

第二节 幼儿园科学教育活动设计理论基础

幼儿园科学教育活动设计的理论基础有以下五种：一般系统理论、信息传播理论、学习理论、教学理论和活动理论。

一、一般系统理论

系统理论作为一种科学的方法论，对幼儿园科学教育活动设计产生了重要的影响。任何系统都包括五个要素：人、物、过程、外部限制因素和可用资源。这五个要素间有三种联系形式：① 过程的时间顺序；② 各因素之间的数据或信息流程；③ 从一个系统中输入或输出的原材料（人或物）。

　　幼儿园科学教育活动设计是一个由教师、幼儿、活动内容、活动条件和活动环境材料等因素组成的系统。幼儿园科学教育活动设计系统的构成因素、流程和信息控制等彼此之间有着密切又复杂的联系。其中，"输入（建立目标）—过程（导入目标）—输出（评价目标）"，整个活动设计的过程都是在一般系统理论提供的方法论的基础上进行的。

　　在以一般系统理论为基础设计幼儿园科学教育活动的过程中，教师首先应充分认识幼儿园科学教育活动系统的组织结构，进而选择性地构建相关的教育活动子系统，如学科领域活动系统、游戏活动系统、区角活动系统等，再从幼儿园科学教育活动系统的整体出发，根据幼儿的兴趣与发展需要，分析和制定具体的活动目标，选择活动内容、活动途径、活动方法，并有效运用系统反馈的信息对教育活动进行调整和修正，以此促进幼儿园科学教育活动系统的组织化、结构化和整体优化。

　　以一般系统理论为基础设计幼儿园科学教育活动，能帮助并促使教师自觉运用系统的方法，也能为教师提供活动设计的系统工具。

二、信息传播理论

　　信息传播系统是由信息源、信息内容、信息渠道与信息接收者构成的。人们要进行信息传播活动，就必须对信息进行编码，考虑信息的结构与顺序是否符合信息接收者的思维与心理顺序。信息不能"超载"，过于密集的信息会直接影响传递效果，增加信息接收者的负担。不同信息的注意获得特性不同，有些材料适宜以视觉方式呈现，有些材料则适宜以听觉方式呈现。教师可以运用多种暗示技巧来增强这种注意获得特性，更重要的是要考虑信息接收者的特性（年龄、性别、偏好等），激发其内在学习动机等。

　　教学过程是一个信息传播的过程，特别是教育信息传播的过程。这个传播过程有其内在的规律和理论。教学设计是运用系统的方法分析整个教学系统和教学过程的一项设计工程，理应以传播理论作为理论基础。

　　传播学四大奠基人之一哈罗德·拉斯韦尔的"五 W"理论比较完善地描述了传播的过程，即"谁（Who）→说什么（Say What）→通过什么渠道（In Which Channel）→对谁（To Whom）→取得什么效果（With What Effects）"。这五个"W"，也是以信息传播理论为基础的幼儿园科学教育活动设计应关心和分析、考虑的重要因素。

三、学习理论

（一）行为主义理论

　　行为主义把学习引起的变化看作行为的相对持久的变化，将学习者外显行为的变化作为学习发生的依据。伊万·彼得罗维奇·巴甫洛夫的经典条件反射、桑代克的联结主义、克拉克·赫尔的系统行为理论、伯尔赫斯·弗雷德里克·斯金纳的操作条件反射等都是行为主义理论在不同时期的典型代表。他们都关注学习的强化、信息的保持与迁移、学习者的行为操作等。行为主义观点在幼儿园科学教育活动设计中最基本的应用是把幼儿的可观察行为作为教育活动的基础，提出用可观察的行为动词界定各类教学目标（包括价值观与态度教学），并以此进行教学传递与评价。

　　第一，以行为主义理论为基础的幼儿园科学教育活动设计，重视对学习环境的设计以及对幼儿学习任务的分析，把创设学习情境、促进幼儿学习作为重要的教育活动目标。

　　第二，以行为主义理论为基础的幼儿园科学教育活动设计注重对活动形式的思考，关注幼儿能力的发展，在"程序教学法"的影响下，主张从分析、把握幼儿现有的发展水平入手，以小步递进的方式设计活动过程。

　　第三，以行为主义理论为基础的幼儿园科学教育活动设计注重以达成学习结果为目的而进行适当强化。

　　在较长一段时间里，目标模式的幼儿园科学教育活动是一种主要的科学教育活动模式，该模式就是依据行为主义理论来编制教育活动目标的。它是一种以教育活动目标为核心和基本准则，并使整个教育活动过程都围绕目标和准则进行选择、设计、实施和评价的教育活动模式，倡导儿童学习活动的目标应以认知、情感与态度、操作技能三个方面为分类标准，建立系统化目标体系。尤其是在目标的表述上，要求以行为化、可观察的语言来陈述目标，用能反映出儿童操作方式的具体、恰当的动词，以外显的表现清楚地表明在活动过程中儿童将要做什么以及应做到何种程度，而不是以"理解""掌握""了解"等心理内隐活动的模糊语言来描述目标。这种教育活动的行为目标表述要求强调的是目标的可理解性、可把握性和可操作性，它给教育者（教师）从目标出发选择科学教育活动内容以及据此评价教育活动带来了一定的积极影响，但也不能否认它可能在其他方面带来了消极影响。

（二）认知理论

认知理论探讨学习者内部的认知活动，其中主要强调的是信息加工学习理论和认知建构学习理论。信息加工学习理论把人类的学习过程看成一系列信息加工的过程。美国教育心理学家罗伯特·米尔斯·加涅认为，每个学习动作都可以分解成八个阶段，并有与之相应的教学事件。

认知建构学习理论是在皮亚杰和维果茨基的学说的基础上发展起来的，认知建构学习理论对幼儿园科学教育活动设计具有重要的指导意义。在建构过程中，教师要引导幼儿发现原有的知识结构与新知识之间的不协调性，然后主动去改变它。学习的认知建构发生在具体的情景中，能够使幼儿感受到知识的意义。皮亚杰给了教师三条劝告：① 为儿童提供实物，让儿童自己动手去操作。② 帮助儿童发展提出问题的技能。③ 教师应该懂得为什么运算对儿童来说是困难的。

以认知理论为基础的幼儿园科学教育活动设计将幼儿视作主动学习者、建构者，在活动设计中十分重视为幼儿提供和创设丰富的学习材料和活动环境，注重提高幼儿的动手操作能力；强调让幼儿通过自身的感知、操作等积累经验；创设机会让幼儿作为主体参与活动，通过与环境、材料、同伴多元化的互动引发幼儿的积极思维，在分析、推理和解决问题的过程中促进幼儿的自我建构。

四、教学理论

教学理论是研究教学情境中，教师引导、维持或促进学生的学习行为，构建一种普遍性的解释框架，提供一般化的规定或处方，以指导课堂实践的一门学科。教学理论的概念模式是教学设计的基础理论。教学理论的概念模式分为三种：时间中心模式、任务中心模式与学习者中心模式。

（一）时间中心模式

时间中心模式是指用理解教学的能力、能力倾向、教学的质量决定学习所需时间，用毅力与学习机会决定学习所花时间，与学习程度一起组成一个公式：学习程度（即学生对在校学习的内容的掌握程度）=f（所花时间／所需时间），也就是学生真正用于学习的时间总量与他们所需要的时间总量之间的函数关系式。

（二）任务中心模式

任务中心模式的关注点在于如何促进学习的过程，如布鲁纳模式与加涅模式。布鲁纳认为知识的获得与储存取决于知识的结构方式，他提倡编制以学科为中心的结构化教材，通过学生的自我探究来把握、理解学科结构。加涅模式源于其对认知学习的信息加工观点，他把学习结果（学习领域）分为动作技能、言语信息、智力技能、认知策略与态度五类，形成了系统的教学任务分析观和提出了包含九个事件（获得关注、让学习者了解目标、对之前学习回应的刺激、呈现刺激、提供学习指引、激发绩效、提供反馈、评估绩效、增强记忆和迁移）的教学过程。

（三）学习者中心模式

学习者中心模式把有效教学建立在对学习者个体差异的分析上。它的目的不在于要求每个学生接受所有学科规定的内容，而在于强调每个学习者都能得到充分自由的发展。该教学理论关注教学实践、研究促进教学的策略，它为幼儿园科学教育活动设计提供了处方性、规范性、实践性的指导。

五、活动理论

（一）列昂捷夫的活动理论

传统的心理学只重视反应过程而忽视活动，行为主义心理学重视反应活动而忽视反应过程。苏联心理学家阿列克谢·列昂捷夫经过多年研究，在 1975 年出版的《活动 意识 个性》一书中第一次系统地提出了心理发展的理论—活动理论。他指出，活动既不是反应，也不是反应的总和，而是具有自己的结构、自己的内部转变和转化、自己的发展关系的系统。他认为，活动总是指向一定的对象，对象性是活动理论的核心。活动的对象有两种，一种是制约活动而独立存在的客观事物，另一种是调节活动的客观事物的心理反应。需要是具体活动的前提和内部条件，同时又是活动的调节器。人的活动对象本身蕴含着丰富的社会历史内容，所以人的活动是一种具有丰富的社会历史内容的过程。

列昂捷夫把学习过程看作一种环状结构，认为其由三个环节组成：① 定向环节，指由外界刺激引起的，主体的分析器的一系列反映动作，能够揭示刺激物本身的特征和意义，形成调节行为的定向映像。② 行动环节，是指在定向映像的调节、支配下发生的，其作用在于实现对环境的定向映像，即执行动作反应的过程。③ 反馈环节，是执行环节动作结果的回收，其功能在于矫正动作。

（二）皮亚杰的活动观点

皮亚杰的许多著作中都包含了活动的思想。皮亚杰认为知识不是被动地从环境中吸收的，也不是预先在儿童的头脑中形成并随着儿童的成熟随时出现的，而是由儿童通过心理结构与环境之间的相互作用构建的。儿童的发展主要在于儿童本身主动的建构活动，在于有机体自身所具有的积极的适应能力。活动就是人和周围环境的交互作用。

皮亚杰认为人的认知结构是在主客体相互作用的过程中逐步建构而成的，因此它是主客体相互作用的产物。知识在本原上既不是从客体发生的，也不是从主体发生的，而是从主体和客体之间的相互作用中发生的。

皮亚杰认为，从一般意义上来看，图式就是任何心理发展阶段的结构，它是人类认知事物的基础或者说是认知结构的起点和核心，正是图式的形成和变化，才使认知不断地由低级向高级发展；而认知发展过程中的另一个重要概念就是平衡和平衡化，它不仅可以用来解释生理机能的协同作用，也可以用来解释认知的发展过程。

皮亚杰还认为，有机体认知发展的过程就是其内部结构与环境不断相互作用的过程。在这种与环境的相互作用的过程中，同化和顺应是两种不同的作用方式，它们是"结伴而行"的，所谓平衡是指同化和顺应之间的均衡状态。

关于认知发展的阶段，皮亚杰将其概括为一个连续的发展过程，一个图式不断重建的过程，它可以划分为四个有着质的差异的认知发展阶段：感知运动阶段（0～2岁）、前运算阶段（2～7岁）、具体运算阶段（7～12岁）和形式运算阶段（12～16岁）。它们具有三个特点：第一，阶段出现的先后顺序不变，不能跨越，也不能颠倒，每个个体都按同样的顺序经历认知发展的各个阶段，阶段虽与年龄有关系，但不完全是年龄本身决定的；第二，每个阶段都有其独特的图式，它决定着个体的行为；第三，每个阶段都是前一阶段的延伸和发展。

（三）维果茨基关于活动的观点

维果茨基是历史文化理论的倡导者，他认为儿童高级心理机能的发展是由外部向内部的转化，由社会机能向个体机能的转化。发展是人的富有意义的概括化，是社会共享活动向内化过程的转化。与皮亚杰强调的内部和主观经验的取向相比，维果茨基更强调心理发展的社会文化取向，并把儿童与教养者、儿童与同伴之间的共同活动视为儿童发展的社会源泉。

1. 社会交往对儿童知识建构的价值

当儿童与他人共同活动和交往时，他们不但会与材料相互作用，而且会在与社会交互作用的过程中，通过冲突、比较、协调和调整提升个人的认知结构。心理工具不是个体在孤立的状态下创造的，它们是社会文化生成的产品，是由个体通过积极参与团体的实践活动获得的。

2. "最近发展区"和"鹰架理论"

这是维果茨基提出的两个相互关联的重要概念。他认为儿童的任何一个行为都有两个水平：较低水平的行为是儿童的独立行为，较高水平的行为是儿童在帮助下能够完成的行为。这两个水平之间的区域称为"最近发展区"。所谓

"鹰架理论"即"支架式教学",是指学生在学习一项新的概念或技巧时,教师通过提供足够的支援来提高学生的学习能力的教学方法。教师能够发现和捕捉儿童准备向学习跨出一步的微妙时刻,并适时给予"鹰架"的能力是十分重要的。教师不再是传统意义上的讲授者、指挥者、管理者,而是在与儿童共同学习、共同建构的过程中,在与儿童分享、交流、互动过程中的支持者、合作者、对话者。

(四)人类发展生态学的活动观点

人类发展生态学认为,人的活动要素有活动的内容(没有不体现内容的活动),个体参与这种活动的心理要素(如参与的主动性、投入的水平和程度、不受干扰的程度及受干扰后恢复的能力等),活动目标结构的复杂程度(指同时参与活动的数量及活动目标的数量)和在活动中感受到的生态环境的复杂程度等。

人类发展生态学认为有利于促进人类发展的活动的特征有:① 它是一个连续的过程,不是单独的动作。② 它具有一种"动"量,表现在排除干扰,坚持到底,直到活动完成。③ 在时间上跨越当前的行动边界,延伸到过去或将来。④ 有预定的目标和达到目标的行动。⑤ 能联系不在眼前环境中的人、事、物。⑥ 有一定的人际交往,能与别人共同活动。

尽管各种活动理论的出发点和角度不同,但它们都涉及有关活动的共同问题,对学前教育活动的理论和实践具有指导意义。第一,活动是幼儿发展的重要途径,学前教育过程就是幼儿的活动过程。第二,活动是由幼儿的需要引起的,因此通过多种途径激发幼儿参与活动的兴趣是很有必要的。第三,幼儿是独立的个体,具有活动的主动性、独立性、选择性和创造性。第四,幼儿的活动总是与其身心发展水平相适应的。第五,幼儿的活动依赖一定的物质中介。第六,幼儿的活动在一定意义上是对社会现实生活的反映,因此丰富幼儿的感性经验很重要。

第三节　幼儿园科学教育活动设计基本原则

幼儿园科学教育活动设计必须遵循发展性、主体性、渗透性、活动性、开放性、整合性等基本原则。

一、发展性原则

发展性原则是指在设计幼儿园科学教育活动时，必须对幼儿已有的经验和发展现状进行准确分析和评估，在此基础上设计适宜的科学教育活动，促进幼儿全面和谐发展。

（一）以促进幼儿全面、和谐发展为出发点

科学教育活动设计应建立在幼儿已有的发展水平上，以促进幼儿达到可能的发展水平为目标。它要求教育活动设计适应幼儿的发展水平，不可任意拔高，也不可盲目滞后，提出的教育要求和内容应以幼儿身心发展的成熟度为基础。维果茨基的"最近发展区"理论告诉我们："我们至少应该确定儿童发展的两种水平，如果不了解这两种水平，我们将不可能在每一个具体情况下，在儿童发展进程与他受教育的可能性之间找到正确的关系。"幼儿园科学教育活动设计应该适应幼儿的发展水平，充分考虑幼儿的已有经验和原有基础，找准幼儿的最近发展区，从幼儿的现实水平和已有经验出发，顺应幼儿的能力水平和兴趣需要，服务于幼儿的未来生活和长远发展需要，促进幼儿身体、认知、情感、个性、社会性及能力的有序提升。

（二）以促进幼儿全面、和谐发展为核心任务

科学教育活动设计应体现早期教育的特征，尽早尽快使幼儿获得发展。促进幼儿全面和谐发展是科学教育活动设计的核心任务。从教育活动对象的分

析、教育活动目标的确定、教育活动内容的选择、教育活动环境的规划到教育活动的组织形式、方法、策略的运用等,都要围绕帮助幼儿实现全面和谐发展这一核心任务来进行。

二、主体性原则

主体是指有目的、有意识地从事实践、认识活动的个体。它是相对客体而言的。现代儿童学习观认为,儿童的学习应该是主动的、建构式的发现学习,而不是被动的、机械的接受性学习,是生活经验体系,而非学科知识体系。教育的基本原则是使儿童的身心主动、全面、和谐地发展。幼儿期是一个充满活力、蕴藏着巨大发展潜能并具有很强可塑性的生命阶段。儿童拥有与生俱来的早期学习潜能,他们渴望学习,喜欢探究,爱好活动,富有想象力、表现力、创造力。幼儿园教育必须为幼儿一生的发展奠定良好的素质基础。在幼儿园科学教育活动中,幼儿是活动的主体,因此幼教工作者要尊重儿童,激活其潜能,倡导主动活动,引导主体发展,在活动中培养幼儿学习科学的兴趣、习惯和能力,让孩子从小学会学习、学会生活。在幼儿园科学教育活动设计中,贯彻主体性原则必须注意以下两点:

第一,以幼儿为活动的主体。无论是科学活动内容的选择、教育活动环境的创设,还是活动形式的安排,都要注重激发幼儿的自主性、能动性、创造性,要在宽松、愉悦的氛围下引导幼儿积极、主动地与材料、环境、同伴互动,主动探究、质疑、发现与解决问题,从而积累相应的经验,获得全面和谐发展。

第二,以教师为活动的主导。在设计幼儿园科学教育活动时,应尊重和重视幼儿的主体性,同时充分体现和发挥教师的主导作用。教师应成为幼儿学习活动的支持者、合作者、引导者。在活动设计环节,教师的主导性应突出体现在以下方面:激发幼儿活动兴趣与求知欲,营造民主、平等、宽松、自由的活动氛围,创设适宜的活动环境,提供丰富的活动材料,支持、引导、参与活动并与幼儿积极互动。

三、渗透性原则

渗透性原则是指在设计科学教育活动时，不仅要充分发挥活动内容、形式、过程等因素的功能，还要加强各因素之间的协调、配合，发挥其整合效能，从而促进幼儿的整体发展。贯彻渗透性原则时要做到以下三点：

第一，科学教育活动内容的相互渗透和整合。把科学教育活动和各个教育领域的内容以合理的方式整合起来，或将每一个教育领域的内容有机地整合起来，使之形成合理、科学的网络结构，发挥整合教育的效应，实现多方面的发展目标。

第二，科学教育活动形式的相互渗透和整合。对上课、游戏、休息、日常生活等活动进行整合，对集体活动、小组活动、个别活动进行整合，对统一活动、自选活动、自由活动进行整合。使这些活动形式互相配合，发挥各自的优势，从而实现教育目标。

第三，科学教育环境的整合。注重班级环境、园内环境、室外环境的优化和组合，注重环境中物质因素和精神因素的渗透。

四、活动性原则

活动性原则是指幼儿园科学教育活动设计应立足活动，而不是单一、枯燥的知识传授，通过有目的、有计划、适宜、环环相扣的学习活动，促进幼儿的全面和谐发展。幼儿正处于好动、好奇、好模仿的时期，游戏是幼儿期的基本活动形式，活动是幼儿园科学教育的必要手段和形式。因此，幼儿园科学教育活动应以游戏为基本活动，寓教于各项活动之中。

遵循活动性原则，应强调活动的目的性、计划性、层次性。强调活动的目的性，是为了确保科学教育活动有明确的方向；强调活动的计划性，是为了确保科学教育活动逻辑严谨；强调活动的层次性，是为了确保科学教育活动循序渐进。

活动性原则要求我们在设计科学教育活动时注意以下三个方面：第一，为幼儿提供活动的机会，使幼儿能在动作表征、形象表征、概念表征三种层次水平上进行应有的操作与练习。第二，为幼儿创造活动的条件，包括教师与幼儿相互作用的条件、适宜的教育活动内容、充足的教具学具等，保证幼儿在教育活动中充分活动。第三，正确把握活动的实质。教师在设计科学教育活动时应考虑采用何种策略引导幼儿积极主动活动，从而有目的、有计划地引导幼儿在有效活动中获得全面发展，防止教育活动单纯活跃与表面热闹。

五、开放性原则

开放性原则是指教师在设计教育活动的过程中，以幼儿为中心，以幼儿的全面和谐发展为目标，通过创造一个能够促进幼儿生动活泼、自主学习的环境，为幼儿提供充分发展的空间，从而在探索的过程中，促使幼儿各方面素质得到全面发展。

美国教育学家莫里森认为开放性教育是"一种鼓励幼儿主动参与及学习的活动，允许幼儿选择学习内容，开放的课程、开放的态度、开放的资源运用的学习方式"。

开放性原则在科学教育活动设计中具体体现在以下五个方面：第一，活动目标的开放、灵活、适时调整。第二，活动内容的开放、丰富和多元。第三，活动形式的开放、多向和灵活。第四，活动空间与活动环境的开放、多变和丰富。第五，活动资源的开放、综合和共享。

六、整合性原则

"整合"是指把一些零散的东西通过某种方式连接起来，从而实现信息系统的资源共享和协同工作。其精髓在于将零散的要素组合在一起，形成一个有价值、有效率的整体。

整合性原则是指在科学教育活动的设计中，为达到促进幼儿全面和谐发展的目的，对不同的领域内容、不同的活动形式、不同的教育环境与资源、不同的活动方法与途径进行有机融合，构成一个相互联系、相互渗透、互利互补、不可分割的完整的教育活动体系。

知识巩固

1. 为儿童提供实物，让儿童自己动手去操作；帮助儿童发展提出问题的技能以及应该懂得为什么运算对儿童来说是困难的。这是（　　　）中提出的教育建议。

A. 最近发展区理论

B. 白板学说

C. 建构主义理论

D. 鹰架教学

2. "最近发展区" 理论是由（　　　）提出的。

A. 维果茨基

B. 皮亚杰

C. 福禄贝尔

D. 洛克

3. 教师在教育活动设计中必须正确地认识和把握好教师的角色，以及对幼儿学习和活动的 "指导"。这符合（　　　）。

A. 发展性原则

B. 主体性原则

C. 渗透性原则

D. 开放性原则

4. 幼儿园教育活动设计的基本原则主要有发展性原则、（　　　）、渗透性原则、活动性原则、开放性原则、整合性原则。

A. 主动性原则

B. 主体性原则

C. 主导性原则

D. 能动性原则

【参考答案】

1.C　2.A　3.B　4.B

模块三　幼儿园科学教育活动的目标、内容与方法

　　幼儿园科学教育的内容是幼儿园科学教育活动的有效载体，是实现幼儿园科学教育目标的媒介和保证。本模块系统地阐述了幼儿园科学教育活动的目标与内容的甄选原则和范围，以及幼儿园科学教育的方法。

　　本模块的思维导图如图 3 所示。

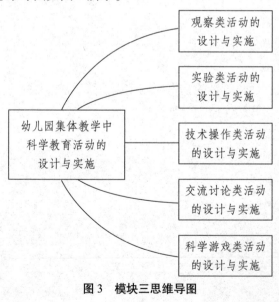

图3　模块三思维导图

案例引入

【案例 1】进入五月，某幼儿园开始在全国开展以"认识生活"为主题的科学教育活动。夏老师发现，小班、中班、大班的孩子对日常生活的了解程度存在很大的差异。

小班孩子一般认识生活中常见的、熟悉的事物和现象，如日用品、水果、蔬菜等；中班孩子的好奇心和求知欲更为强烈，他们更喜欢观察和探索未知的事物或现象，例如孩子们能从声音、样式等方面比较自行车和摩托车；大班孩子对科学探究的态度更加积极，不仅能提出问题，还会积极地寻找解决办法，习惯去体验未经历过的事物，在掌握一些物理和化学原理的基础上形成对日常生活的概念，如水的三种形态的变化、各种力的作用等。夏老师根据小班、中班、大班孩子的认知程度，安排了不同的科学教育活动。

思考：教师如何在广泛的教学活动中选择适合各个层次幼儿的教学内容？应该遵循怎样的原则？幼儿园科学教育的内容又应该包含哪些方面？

【案例 2】一个夏日的午后，雨过天晴，幼儿园开放了玩水区，孩子们拿着水枪、喷壶、大大小小的水瓶尽情地玩起了打水仗的游戏。这时，蕾蕾的水枪突然冒出一个水泡，孩子们惊呼："哇，是泡泡！"于是一边欢呼，一边追逐着七彩的泡泡。孩子们不由自主地围绕泡泡展开了讨论。孙老师注意到孩子们的行为，及时组织并开展了探索泡泡的科学教育活动。

在科学教育活动中，孙老师利用孩子们感兴趣的游戏开展科学活动，指导孩子们动手制作泡泡、自制泡泡器，指导孩子们在有趣的泡泡实验中发现问题、分析问题并解决问题。

思考：孙老师在科学教育活动中都用了哪些方式帮助孩子们学习？

第一节　幼儿园科学教育活动的目标

一、总体目标

《幼儿园教育指导纲要（试行）》（以下简称《纲要》）将幼儿园课程分为五大领域，即"健康""语言""社会""科学""艺术"。其中，"科学"领域的总体目标如下。

第一，对周围的事物、现象感兴趣，有好奇心和求知欲。第二，能运用各种感官，动手动脑，探索问题。第三，能用适当的方式表达、交流探索的过程和结果。第四，爱护动植物，关心周围环境，亲近大自然，珍惜自然资源，有初步的环保意识。《3～6岁儿童学习与发展指南》（以下简称《指南》）中的幼儿科学探索的目标可概括为三个维度，即情感态度、方法能力和知识经验。三个目标相辅相成，共同指向幼儿园科学教育以"探索过程"为主的教育任务，充分发挥幼儿的自主性去感知、探索和学习客观世界的人、事、物。

二、各年龄段的教育目标

《指南》将"科学"分为"科学探究""数学认知"两个子领域，并对幼儿园科学领域课程提出了具体的教育目标，使我们能更准确地把握科学教育活动的要点。其中，教育目标主要包括以下三个方面。

目标一：亲近自然，喜欢探究。

目标二：具有初步的探究能力。

目标三：在探究中认识周围事物和现象。

由于幼儿在科学教育中表现出明显的年龄特征，因此在幼儿园小、中、大各年龄班中，以上三个目标中又有不同的表现，如表3所示。

表3　《3～6周岁儿童学习与发展指南》中科学领域各年龄段教育目标

类别	目标1：亲近自然，喜欢探究	目标2：具有初步的探究能力	目标3：在探究中认识周围事物和现象
3～4岁（小班）科学教育目标	1.喜欢接触大自然，并对周围的事物和现象感兴趣 2.经常提问或好奇地摆弄物品	1.喜欢接触新事物，经常问一些与新事物有关的问题 2.常常动手、动脑探索物体和材料，并乐在其中	1.对感兴趣的问题总是刨根问底 2.能经常动手、动脑，寻找问题的答案 3.探索中有所发现时感到兴奋和满足
4～5岁（中班）科学教育目标	1.对感兴趣的事物能仔细观察，发现其明显特征 2.能用多种感官或动作去探索物体，关注动作所产生的结果	1.能对事物或现象进行观察比较，发现其相同与不同 2.能根据观察结果提出问题，并大胆猜测答案 3.能通过简单的调查收集信息 4.能用图画或其他符号进行记录	1.能通过观察、比较，发现并描述不同种类物体的特征或某个事物前后的变化 2.能用一定的方法验证自己 3.在成人的帮助下能制订简单的调查计划并执行 4.能用数字、图画、图表或其他符号记录 5.探索中能与他人合作与交流
5～6岁（大班）科学教育目标	1.认识常见的动植物，能注意并发现周围的动植物是多种多样的 2.能感知和发现物体和材料的软硬、光滑和粗糙等特性 3.能感知和体验天气对自己生活和活动的影响 4.初步了解和体会动植物和人们生活的关系	1.能感知和发现动植物的生长变化及其基本条件 2.能感知和发现常见材料的溶解、传热等性质或用途 3.能感知和发现简单物理现象，如物体形态或位置变化等 4.能感知和发现不同季节的特点，体验季节对动植物和人的影响 5.初步感知常用科技产品与自己生活的关系，知道科技产品有利也有弊	1.能察觉到动植物的外形特征、习性及其与生存环境的适应关系 2.能发现常见物体的结构与功能之间的关系 3.能探究并发现常见的物理现象产生的条件或影响因素，如影子、沉浮等 4.感知并了解季节变化的周期性，知道变化的顺序 5.初步了解人们的生活与自然环境的密切关系，知道尊重和珍惜生命，保护环境

幼儿科学领域的教育旨在让幼儿学习如何通过探索的方式解决实际问题，并逐渐发现和理解事物间的内在联系。为此，教师需要做的就是保护幼儿的好奇心，并充分利用周围环境为幼儿创设探索时空的条件，轻结果、重过程，力争通过动手操作、亲身体验、互动讨论让幼儿初步形成科学意识。

三、目标的制定

（一）科学情感、态度方面

科学教育的目的不仅是让幼儿学会科学知识，更重要的是让幼儿在探索科学的过程中实现身心的全面和谐发展。可以说，科学情感态度的培养是幼儿园科学教育的核心内容。从心理发展的角度来讲，情感态度更强调内在体验，在科学教育中主要体现在好奇、好问、合作、探索、耐心、细心、信心、意志力等方面。为此，在进行幼儿园科学教育时，我们首先要关注幼儿内在的情感态度，真正落实"以幼儿为中心"的教育宗旨。

（二）科学方法方面

在幼儿园科学教育中，科学方法一般指幼儿和教师在科学探索活动中，为了解决问题、探寻答案而进行的一系列实证方法。科学活动作为以幼儿自主探索为核心的活动，强调幼儿在这个过程中如何去解决问题、获取答案，一般方法主要有观察、讨论、记录、操作等。同时强调幼儿能力的发展，如观察力、创造力、实操能力以及逻辑推理能力等。在方法或技能目标设计方面，教师应该准确把握某一科学教育内容中幼儿获得的核心经验，并以此为出发点，提出相应的方法或技能目标。

（三）科学知识方面

科学知识是指幼儿在科学教育活动中获得的事实信息或理论信息等。科学知识的获得能够帮助幼儿完善知识结构，为进一步的探索活动打下基础。因此，制定相应的知识目标是有必要的。教师在制定知识目标时应该结合具体的教学内容、幼儿年龄特征、时空条件等，最终使幼儿获得初步的科学知识，帮助他们认识世界、了解世界。

第二节　幼儿园科学教育活动的内容

幼儿园科学教育就是要在广泛的教学活动中选择合适的教学内容。选择幼儿园科学教育活动内容的基本原则如下。

一、选择幼儿园科学教育活动内容的原则

（一）科学性和启蒙性原则

科学性和启蒙性是选择幼儿园科学教育活动内容的首要原则。科学性是指幼儿园科学教育的内容应符合科学原理，尊重客观事实，不违背科学事实。这不仅包括教师传授的知识、儿童掌握的知识的科学性，也包括探究事物、获得科学知识的过程的科学性。启蒙性是指幼儿园科学教育的内容应符合幼儿的认知特点，其内容应是粗浅的，能够激发幼儿的好奇心和启发幼儿学习科学，不能超越幼儿的发展水平和理解能力。教育内容应是在教师的正确指导下，幼儿经过自身努力能够接受并理解的科学知识。合适的教育内容能促使幼儿掌握探究事物的科学方法，激起幼儿对科学的兴趣，使其形成积极的科学情感与科学态度等。

（二）区域性和季节性原则

区域性和季节性是指幼儿园科学教育活动的内容选择要结合当地的自然条件和季节特点，做到"因地制宜""因时制宜"。教师在选择内容时要从当地的实际情况出发，根据季节特点灵活地选择内容，挖掘出具有鲜明的本地特色和教育价值的科学教育内容。

根据区域性和季节性原则，选择幼儿园科学教育活动内容要注意以下

几点。

第一，注重从当地的自然和社会资源中挖掘并选择有价值的科学教育内容，不能照搬、硬套。每个地区的教师都要根据自身所处的地理环境、条件，随季节的变化，在当地资源中灵活选择适宜的科学教育内容。

第二，灵活地运用当地事物，替换难以搜集的材料。不同的观察对象也能发挥同样的教育价值。教师要在当地选择幼儿熟悉的事物，以便幼儿观察与操作。

第三，根据当地的特点适当地编排教育内容，不要固守统一的计划。我国南、北方地区的季节特点有很大的差异，所以难以制定统一的教育计划，各地区教师需要根据本地区的季节特点制定符合自身科学教育需求的计划，并选择合适的时机开展教学活动。

（三）时代性和民族性原则

时代性和民族性是指幼儿园科学教育既要体现现代科学技术的发展要求，又要体现传统文化的特色。

时代在不断发展，科学技术也在不断更新。幼儿的生活具有现代化、信息化的特点，他们接触的是现代科技产品，接受的是现代传媒信息，体验的是现代生活环境。因此，在幼儿科学教育活动中，必须将反映时代发展要求的科学教育内容及时纳入幼儿园科学教育体系，以拓宽他们的眼界。

我国地大物博，历史悠久。教师在选择幼儿园科学教育的内容时，不能忽视民族文化。教师可以选择相应的题材作为幼儿园科学教育的内容，如丝绸、珍稀动植物等。这是对幼儿进行民族主义教育、爱国主义教育的良好途径，同时也可以充分体现科学教育内容的民族性。

根据时代性和民族性原则，选择幼儿园科学教育活动内容要注意以下几点：

第一，教师应从身边取材，从幼儿身边的事物和现象中取材。幼儿对其所见所感的接受和理解速度是最快的，这有利于幼儿真正地理解科学、热爱科学。

第二，选择有助于介绍科学技术发展过程的内容。教师可以通过对科学技术发展过程的介绍，让幼儿了解现代科学技术的现在与未来，同时了解昔日科学技术发展的辉煌成就，使幼儿体会到科学技术的进步和人类创造力的强大。

第三，积极引导幼儿认识我国的富有民族特色、具有代表性的物产，如南方的丝绸和茶叶等。这些具有民族特色的事物都可以作为幼儿园科学教育的内容，以培养幼儿的爱国情怀和民族自豪感。

（四）兴趣性和原则性原则

兴趣性是指幼儿园科学教育内容应符合幼儿的兴趣，深受幼儿的喜爱，教育方法要寓教于乐、带有趣味性。"启其蒙而引其趣"就是这个道理。教师在正规性和非正规性的科学知识教学活动中，都要注意寓教于趣、寓教于乐，向幼儿提供比较宽敞的空间和丰富的物质材料，为其提供自由选择的天地。

原则性原则要求教师在教学过程中遵循教学工作的要求。这一原则是根据一定的教学目的、教学任务和教学规律提出来的，也是对教学经验的概括和总结。

根据兴趣性和原则性原则，选择幼儿园科学教育活动内容时要注意以下几点：

第一，教师要为幼儿创造活动条件，在教学活动中为他们提供丰富的材料、充足的活动时间，并使他们多和同伴交往与合作，以此来吸引他们参加活动，使他们成为活动的主人。

第二，教师组织的活动要全面、多样，让幼儿进行多种多样的操作、探索和实践活动。另外，教师要注意根据幼儿的个性特点和兴趣爱好进行指导，以利于其全面发展。

（五）计划性和生成性原则

计划性原则要求教师组织的教学活动是一个有着严格计划的活动，体现了教学的静态性和严谨性。计划性教学关注幼儿的成长和发展，在教学过程中发挥着重要作用。教师在教学中是文本资源的挖掘者、生成性资源的重组者、教学情境的缔造者、教学智慧的实践者、课堂对话的参与者、幼儿成长的引领者，教师需要提前对自己承担的角色进行计划和设定。

生成性原则要求教师在教学过程中利用教学策略对教学内容进行加工，从而产生某种新的东西，可见教师要有较高水平的信息加工能力。也就是说，教师应当充分利用教学策略对教学材料进行生成性加工，而不是简单地利用已有的知识和别人的经验。

根据计划性和生成性原则，选择幼儿园科学教育活动内容要注意以下几点：

第一，教师要在组织幼儿园科学教育活动之前做好规划，拟定活动的具体内容和步骤，充分挖掘资源，创设教学情境，并思考和解决"如何在活动中指导幼儿"的问题。

第二，当科学教育的内容超越事先规划时，教师要根据幼儿的需要和兴趣，在即时情境中做出合理的安排。

（六）系统性和整体性原则

系统性原则要求教师在选择幼儿园科学教育内容时，遵循由近及远、由简到繁、由浅入深、由易到难、由具体到抽象的原则。它主要体现在纵向和横向两个方面：纵向上，在选择内容时要考虑幼儿的年龄，选择的内容要随幼儿年龄的增长而增加容量与深度；横向上，主要是注意事物与事物之间的逻辑关系。

整体性原则要求教师在选择幼儿园科学教育内容时，做到所选内容与其他教育内容（如语言、数学、社会、健康等）相互交叉、相互补充、相互渗透、综合进行，使科学教育活动更具科学性、探索性、可行性和趣味性。

根据系统性和整体性原则，选择幼儿园科学教育活动内容要注意以下几点：

第一，教师要根据幼儿的认知特点选择内容。教育对象是幼儿，不同年龄段幼儿的认知特点不同，所以教师选择的科学教育内容要有针对性。

第二，教师要选择幼儿熟悉、易于理解、能直接操作与探索的事物作为科学教育的内容。幼儿的生活中有许多有趣的事物，这些事物大多蕴含着科学发展规律或科学道理。

第三，教师要灵活地选择科学教育的内容，并使所选择的内容与其他领域的内容相互配合。

（七）广泛性和典型性原则

广泛性原则要求教师在选择幼儿园科学教育内容时，尽可能从多个层面、不同角度着手，目的是通过教育活动使幼儿获得较为广泛的科学经验。科学教育内容的涉及面很广，教师要通过适当的方式让幼儿进行学习与探索。教师在选择内容时，应考虑内容的广泛性，让幼儿从不同的角度、不同的方面来探索事物和认识世界，积累丰富的科学经验，培养幼儿广泛的科学兴趣。

典型性原则要求教师选择的科学教育内容能反映某领域的基本知识结构。科学教育的内容有很多，探究的领域很广，我们不可能面面俱到。因此，教师要选择具有典型性、代表性的事物，让幼儿去认识、学习和探究。只有抓住事物的典型特征并进行科学教育活动，幼儿才能对科学教育各个方面的基本框架、基本知识结构有基本的了解，才能满足其强烈的求知欲望，这些内容才会在他们的心中留下深刻的印象，为其以后学习更多、更深的科学知识打下良好的基础。

二、幼儿园科学教育活动内容的范围

《纲要》对幼儿园科学教育提出了七点"内容与要求"。《指南》将"科学"分为"科学探究"和"数学认知"两大部分，而且每一部分都对三个不同年龄段（3～4岁、4～5岁、5～6岁）的幼儿提出了合理的期望，指明了其学习与发展的具体方向，使教师和家长的目标更为明确，操作起来也更为便捷。

根据《纲要》《指南》的主要精神和幼儿园科学教育的目标，现将幼儿年龄的具体范围大致划定为两个年龄段（0～3岁和3～6岁），并简述各年龄段幼儿园科学教育活动内容的范围。

（一）0～3岁

0～3岁幼儿的生活范围小，他们接触的人和事物也比较少，对周围的各种事物感到陌生，但又非常好奇。根据其认知特点，教师在选择科学教育活动的内容时应当从最常见、最简单的方面入手，让幼儿首先感知与熟悉最常见的人，感知、体验与发现最常见的事物，活动内容的具体范围如下：

1.感知、辨认最熟悉的人的声音，能辨别声音发出的方向。

2.能注视或指认周围生活环境中熟悉的人、物，并叫出人、物的称呼或名称。

3.感官变得灵敏，视觉（眼）、听觉（耳）、嗅觉（鼻）、味觉（舌头）、触觉（手、脚等）发挥功能。能指认五官，能用手做简单的模仿动作，能尝试探索、感受不同感官的功能。

4.尝试用动作、表情或简单的语言来表达自己的愿望和要求。例如，在想要大人拥抱时就微笑着张开双臂，用语言来表达就是"我要……""我想去……""这是什么"等。

5.知道自己的姓名、性别和年龄。

6.在成人的带领下接触大自然，如沐浴阳光、呼吸新鲜空气、抚摸温顺的小动物、欣赏美丽的花草等。

7.通过视觉、触觉等感官体验，辨别生活环境中常见事物的形状、大小、颜色、冷热、软硬等特征。

8.通过玩水使幼儿感受水、喜欢水，并且知道在口渴时要喝水，水能解渴。

9.根据3岁以前的生活经验，感知简单的数（如1、2、3等），结合熟悉的事物能进行简单数的点数。

10.让他们接触、观察并笼统地比较物体的数量。

11.能按顺序、有节奏地念数字，能按物点数。

（二）3～6岁

3～6岁幼儿的活动范围不断扩大，接触周围的人、物的机会明显增多，幼儿的认知能力大大提高。依据《指南》，对于3～6岁幼儿，幼儿园科学教育活动的内容应包括：

1.植物

（1）认识植物的结构及其特点

①认识植物的根、茎、叶、花、果实、种子，初步了解各部分的功能和植物的繁殖方式。

②认识并能说出常见的花卉、蔬菜及树木的名称，知道植物是多种多样的。

③初步了解植物的生长条件和环境，如阳光、土壤、水分、温度等。

（2）学习如何观察和种植植物

①观察植物的生长过程，了解植物的生长规律和季节性变化。

② 初步学习如何种植植物，为植物除草、浇水等。

（3）了解植物与人和自然环境的关系

① 了解植物与人的关系及其对人类和自然的重要性。

② 知道保护植物的方法和途径。

2. 动物

（1）认识动物的种类和特性

① 知道动物有家禽、野兽、昆虫、鸟、鱼等种类，知道他们区别于其他动物的主要特点，以及各自的生活习性、繁衍方式、食性和外部特征。

② 了解动物适应环境的特性，如身体结构与所处环境的关系，行为方式与所处环境的关系，以及为适应环境而发生的身体结构或形态上的演进。

（2）初步学会饲养小动物

① 初步了解如何饲养小动物，如怎样喂食、喂水等。

② 关爱小动物。

（3）了解动物与人、自然的关系

① 了解动物和人类之间、动物和动物之间的密切关系。

② 懂得动物与人类是共同组建自然的生命体，知道与动物做朋友，保护动物。

3. 物质材料

（1）认识各种材料的特征

① 知道自然界存在许多无生命的物质，如金属物体、沙石、泥土、空气、水、木、纸等，并知道这些物质的基本属性，比如固态物质的颜色、硬度、质地、光滑度、溶解性等。

② 知道水是无色、无味的、透明的、流动的，具有浮力和溶解性，了解水的三种形态（气态、液态、固态）的变化条件和关系等。

③ 知道空气是看不见的、摸不着的、流动的，是人类和动植物赖以生存的物质。

（2）了解材料与人类、动植物的关系

① 知道周围的环境是由这些材料共同建成的，发现身边的物质世界。

② 知道许多材料如水和空气都是人与动植物生存的必要条件，学习珍惜

和爱护这些材料。

4. 自然现象和变化

（1）气候现象和变化

① 了解各种气候现象，比如风、雪、雨、雷、冰、霜、雾、闪电、冰雹、彩虹等。

② 观察和记录不同的天气，如晴天、多云、阴雨等；能感受各种气候的变化，如微风、飓风、大雨、小雨等。

③ 了解气候对人类、动植物的生活和生长的重要作用。

（2）季节现象和变化

① 知道四季的名称、顺序，能够通过外在变化，如环境、温度、人和动植物的变化判断季节。

② 能够适应季节的变化，知道保护身体。

（3）物理现象和变化

知道自然界中常见的物理现象，如光、声、热、电、力、磁等。

① 认识各种发光物体，如太阳、闪电、电灯、特殊物体等；理解光与影、光与颜色的关系；学会玩光学仪器（三棱镜、凹凸镜、平镜等）和光学玩具（万花筒、望远镜等）；探索光的反射、折射等现象。

② 感受生活中不同的声音，辨别声音的来源和特点，探寻声音的产生原理；区分噪声和乐音，并知道其对人的影响。

③ 感受物体的温度（冷、热），了解温度的传递现象；学会使用温度计；知道天气的冷热变化，如夏天变热，冬季变冷；学习夏季如何散热，冬季如何保暖等。

④ 感知常见的电，包括静电、电线输送的电、电池中的电等；知道生活中电的来源（发电厂）；探寻摩擦静电现象；了解干电池的用途，并知道废旧电池具有毒性，不能随意丢弃；安全用电，保护自己。

⑤ 知道生活中存在力，如吸引力、浮力、推力、重力、风力、电力等；感受力的大小、方向，以及力与运动的关系，探寻平衡力；知道节省力的方法，如利用机械杠杆、滑轮等。

⑥ 发现生活中常见的磁（如磁铁、指南针等），探索生活中磁的应用；知

道磁铁之间的相互作用，如异性相吸，同性相斥；学会玩指南针。

（4）化学现象和变化

了解周围世界和日常生活中简单的化学现象，如小苏打可以发酵面粉，用来蒸馒头；醋能使骨头变软；削皮的苹果、梨搁置一会儿会变黄；在气球内放置混合的醋和小苏打会使气球膨胀等。

（5）天文现象和变化

①知道宇宙的存在，了解我们生活的地球仅是其中一个天体，宇宙中还有太阳、月亮等天体，而且它们距离地球都很远。

②知道太阳是一颗恒星，是一个燃烧的火球，它为地球上万物的生存与生长提供源源不断的光源和热源，是人类、动植物赖以生存的重要天体。

③知道月亮是地球的卫星，月亮自身不能发光、发热，只有借助反射的太阳光，我们才能够看到它。初步了解月相的变化规律和原因，学会观察和记录月相。

5. 常见的生活科技产品

（1）感知生活中常见的科技产品

知道生活中常见的科技产品，包括家用电器（如电视、微波炉、洗衣机等），通信工具（如电脑、手机等），交通工具（如汽车、飞机、轮船、自行车等）和一些科技玩具（如电动玩具、仿真模型、拆装工具等）。

（2）初步学习使用简单的工具

学会使用生活中一些简单的工具，如儿童专用的剪刀、锤子和小刀等。

（3）知道科技产品和工具为生活带来的影响

知道先进的科技产品和工具使我们的生活更加便捷，但也会带来一些不良影响。例如，汽车尾气的排放会造成空气污染等。

6. 生态环境及其保护

（1）知道人类、动植物是生态环境的一部分，并且相互依存、相互影响。

（2）懂得生态环境对生物的生长和发展的重要作用，知道环境污染，如水污染、大气污染、噪声污染等，并知道这些污染对生物的危害。

（3）知道从身边做起，养成良好的行为习惯，保护环境。

7. 人的生理和心理

幼儿需要对人的生理和心理产生的认识主要包括以下方面：

（1）观察人的主要感官，探索和感受这些感官的功能，包括眼睛（视觉）、耳朵（听觉）、鼻子（嗅觉）、舌头（味觉）、手和脚（触觉）等。

（2）初步感受和体验人的生理活动和心理活动。生理活动有呼吸、消化、血液循环和排泄等。心理活动有情绪、想象和记忆等。知道不同情绪有不同的表现形式，如高兴与微笑、伤心与哭泣等。学会控制消极情绪，调动积极情绪。

（3）初步了解人的差异及其种类。例如，男女有别，不同种族的人的肤色、发色、五官特征和体形等有所区别。

（4）认识人的基本外部结构。人的外部结构包括头、颈、四肢、躯体、皮肤等，引导幼儿感受它们的功能。

（5）初步认识人体生长、发育、衰老等生命的自然发展过程。

（6）教育幼儿热爱生命，锻炼身体，预防疾病，养成良好的生活和卫生习惯等。

8. 数学认知

幼儿对数学的认知是一个逐步发展与建构的过程，教师应该引导他们初步感知生活中数学的有用和有趣，进而感知和理解数与量的关系，以及形状与空间的关系。这样才有利于幼儿形成数的概念。

幼儿需要产生的数学认知包括感知和理解集合、数、量、形、空间与时间等，主要包括以下内容：

（1）尝试对常见的物体进行分类与概括。

（2）明白"数"的概念，探索"1"和"多"的概念，以及二者的关系。

（3）通过游戏或实践，学习十位或百位以内的数字，并进行简单的数学运算。

（4）认识常见的平面图形和立体图形，知道其简单关系，并能与日常生活结合起来。

（5）初步理解量的相对性和量的守恒。

（6）在空间方位上，能分清上下、左右、前后、里外、远近等，知道空间中的运动方向。

上述内容只是为幼儿园科学教育提供了一个大致的范围，可以看出幼儿园科学教育活动内容的范围非常广泛。幼儿园教育工作者必须按照选择幼儿园科学教育活动内容的原则，在活动内容的范围内灵活选择，并采取切实可行的方法进行科学教育活动。

在这个变化万端的大千世界里，幼儿以他们自己的方式发现、探索并思考这个世界。为幼儿提供丰富多彩的科学教育活动内容，有助于他们真正了解科学、热爱科学。

第三节　幼儿园科学教育活动的方法

方法总是为一定目的服务的。幼儿园科学教育活动的方法，就是为完成幼儿园科学教育的目标所采用的具体方式和手段。我们今天理解的幼儿园科学教育活动的方法，指的是在教师的指导下，幼儿学习科学的具体方式和手段。在教学过程中，教师不但要考虑怎么教，而且要考虑幼儿怎么学。由于幼儿受其身心特点和认知能力发展水平的限制，教师选择和使用的方法必须适合幼儿，符合幼儿的思维发展水平和接受能力。因此，教师要通过研究、探索，不断总结经验，选择适合儿童发展的科学教育方法，有效地促进幼儿学习科学知识，提高幼儿的科学能力，切实地促进幼儿的发展。

一、探究式学习

探究式学习一般分为指导探究法和自主探究法。

（一）指导探究法

幼儿的科学学习是指幼儿在探究具体事物和解决实际问题时，尝试发现事物之间的异同和联系的过程。依据《3～6岁儿童学习与发展指南》，幼儿园科学教育的价值取向已经转向侧重培养幼儿对科学的情感态度、兴趣与欲望，侧重培养幼儿的探究能力，侧重让幼儿在探究过程中认识周围的事物和现象。这为幼儿园科学教育指明了方向。指导探究法就是由教师来确定科学探究活动的内容与主题，提供探索、研究所需的材料与框架，幼儿在教师的引导下进行探究的一种方法。

教师要想很好地指导幼儿的探究活动，就要在开展活动前做好准备工作。

1. 确定内容

教师要根据《纲要》的要求、幼儿认知发展的特点、幼儿自身的实际情况确定探究活动的内容。在这一过程中，教师要根据幼儿的兴趣、知识、理解水平和经验等，选择、设计符合其发展需求的科学探究活动内容。

2. 准备材料

教师要根据探究活动的内容为幼儿准备进行探究活动所需的材料。例如，在数学科学教育活动中，为了让幼儿更好地理解序数的含义，教师可以为其准备排序用的各种小动物模型、各种类型的小汽车玩具等。充足的活动材料是幼儿顺利进行探究活动的物质基础。

3. 制定计划

探究活动计划是保证探究活动顺利进行的重要因素之一，它对提高探究活动的质量有重要作用。探究活动计划中应该包括探究活动的目标、准备工作、探究活动的步骤等。对探究活动的指导主要包括对活动时间的把握、探究人员的分配、材料的使用，以及探究活动开始时的指导等。

在运用此方法时，探究活动并不都是幼儿围绕教师的意图展开的。随着活动的进行，活动的中心会从开始时的以教师为中心逐步过渡到以幼儿为中心，这样幼儿才能在活动中更加积极、主动地进行有效的自我建构。与此同时，教师可以为幼儿探究活动的延伸提供良好的建议。

总之，在运用指导探究法开展科学教育活动的过程中，教师扮演着不同的角色。首先，教师为幼儿提供探究的材料、环境，即教师的第一角色是资源提供者；其次，在幼儿探究过程中，教师要与其共同探讨、共同研究，即教师的第二角色是幼儿的合作探究者；最后，在探究活动中，教师并不是直接告诉幼儿应该怎样做、不应该怎样做，而是给其指明探究的方向，所以教师还是幼儿学习的积极引领者。

（二）自主探究法

自主探究法是指幼儿在教师的指导下，自己确立活动内容并进行探究的一种教学方法。这种方法由幼儿自己决定探究活动的内容，设计探究的情景，选择探究的材料，确定探究的方式，获取探究的结果。探究活动的全程并不是由教师决定的，教师在活动中只是资源提供者、合作探究者和促进者。

运用自主探究法能够更好地满足每个幼儿的探究兴趣，使个别化的探究活动充分体现幼儿个体建构与发展的需要。幼儿探究活动的效益更趋优化，每个幼儿的自主性、主动性和创造性都会获得更好的发展。

当然，每种方法都有优点和缺点，自主探究法也有不足之处：在自主探究过程中，如果没有教师的指导，就容易出现秩序混乱的状况，影响幼儿的学习节奏；幼儿也会遇到麻烦，有时是挫折，有时是失败；由于幼儿是自由选择探究主题的，选择范围广，教师需要为幼儿准备大量的探究材料，才能满足其需求，若准备的材料不充足，幼儿自己喜欢的探究内容就会受到限制；由于探究材料多种多样，每个幼儿的兴趣爱好也不同，教师在课程把握和控制上的难度会大大增加。

二、研讨式学习

研讨式学习要求教师以"导"为主，创设贴近儿童生活、富有吸引力的情境，提出有思考价值的问题，要求教师有全面、独到的见解，将侧重点由原来的组织教学转变为讨论讲解。教师要引导儿童利用资料表达自己的想法，体现一定的民主性。

（一）研讨式学习的概念

研讨式学习是一种新的教学模式，是指打破传统教学模式，由教师选定课题，幼儿以小组形式进行讨论，通过研究与学习相结合的方法来提高幼儿的理论水平和研究能力的一种教学模式。

研讨式学习作为一种新的教学模式，体现的教学原则是以幼儿为主体，具有一定的启发性、循序渐进性及和谐性。它要求幼儿成为学习活动的主人，使幼儿始终处于稳定的自主地位，充分挖掘幼儿内在的潜力，施展幼儿的才华。

（二）研讨式学习的优点

研讨式学习的优点表现在以下四个方面。

1. 更能突出幼儿的主体地位和教师在课堂上的主导性

在传统教学模式中，有些幼儿会自我封闭，不与外界交流，常常感到学习环境压抑。而在研讨式教学模式中，教师只是起引导和参与的作用，不会独自掌控课堂，更不会越俎代庖，幼儿可以放松地学习、自由地思考，这使幼儿的个性得到发挥，潜能得以开发。但幼儿作为主体是相对而言的，教师的角色万万不能缺少，教师的引导作用仍要放在重要位置。

2. 可以提高课堂教学效率

研讨式学习为所有幼儿提供了更多的课堂参与机会，每个幼儿都能通过独立自主的学习与思考活动，积极发表个人观点，这在一定程度上改变了教师讲授、儿童被动接受的局面，激发了幼儿的主动性，提高了幼儿的认知水平，发展了幼儿的创造力，大大提高了课堂教学效率。

3. 可以提高幼儿的素质

研讨式学习的特点决定了其优点，在自主学习时，幼儿自己思考的问题变多，他们不再是被动的接受者，而是解决问题的活动的组织者，无形中提高了幼儿解决问题的能力。此外，它可以培养幼儿的发散思维能力，打破知识的绝对化现象，全面提高幼儿的主动性和灵活性。

4. 能够增进幼儿间的情感

在研讨式学习模式下，同伴之间、师生之间的交往增加了，这有利于培养幼儿的社交意识，让他们懂得尊重他人、帮助他人，从而增强他们的合作意识。

三、游戏式学习

"寓教于玩"，先让幼儿对游戏产生兴趣，进而让幼儿对组织游戏的教师产生兴趣，这在一定程度上能使师生关系更加密切。游戏式学习就是一种"寓教于玩"的科学教育方法。

（一）游戏式学习的概念

游戏式学习是指通过游戏的方式来提高幼儿学习兴趣的一种教学模式。例如，数学是一门抽象的科学，对思维初步形成的幼儿来说比较难以理解，他们可能会觉得很枯燥，没有趣味。而游戏式学习则因为在教学过程中加入了游戏，丰富了数学内容，让数学课变得好玩，提高了幼儿对数学的学习兴趣，从而增强了课堂的教学效果。

（二）游戏式学习的具体方法

游戏式学习的具体方法如下：

1. 操练性游戏

操练性游戏主要用于语言的学习，其特点是要求幼儿的反应能力迅速、准确。操练性游戏可以培养幼儿手脑并用的能力，让他们在快速呈现和反复操练的过程中巩固知识。

2. 激趣性游戏

激趣性游戏主要是为讲授新知识而设定的，目的是激发幼儿的兴趣，启迪幼儿的思维。例如"猜猜看"游戏，教师在手中握住一些东西，然后把手放在背后，让幼儿开动脑筋，猜猜教师手里的东西，从而激发幼儿的学习兴趣，促使其积极主动地动脑、动口。

3. 合作性游戏

合作性游戏是小组游戏的一种，可以是展示性的，也可以是竞争性的。展示性的合作游戏，其目的是检查幼儿的学习成果，具体方法有角色表演和作品展示等；竞争性的合作游戏，则注重利用幼儿的好胜心来激发他们的学习兴趣，如淘汰游戏和知识竞赛等。

4. 拓展性游戏

拓展性游戏一般用于教授新知识后，可以帮助幼儿把新旧知识贯穿起来，形成一个较为系统的知识结构。这种游戏需要尽可能地激发幼儿的联想能力和记忆，促使他们回忆起更多的内容，从而达到复习的目的。

5. 综合性游戏

综合性游戏更接近幼儿的实际生活，具有很强的时尚性和参与性，需要教师根据幼儿喜欢的娱乐活动不断地更新与变换游戏的形式。

（三）游戏式学习的分班特点

1. 小班：趣味性

游戏式学习在课堂教学中的作用是激发幼儿对学习的浓厚兴趣。一般的课堂教学方式的操作过程比较单一，时间长了容易使幼儿感到枯燥乏味。而游戏式学习往往集观察、判断、想象、模仿和运动等环节于一体，能够充分调动人体的各个感官，符合小班幼儿活泼好动的年龄特征。

2. 中班：具体性

游戏式学习符合幼儿依靠表象进行想象、记忆等认识活动的特点。它要求幼儿实实在在地参与活动，从而获得更深刻的情感、语言等方面的体验，符合中班幼儿记忆的特点。

3. 大班：社会性

游戏是社会生活的反映，周围的现实生活是游戏内容的源泉。游戏作为一种文化现象，伴随着文化，又渗透着文化。作为教育工具和媒介，儿童戏剧在大班幼儿的语言教育中发挥着重要的作用。幼儿园可以通过让幼儿在特定的时空范围内进行"演出"（比如角色扮演、讲故事等）的方式，强化特定的教育目标。因此，在游戏式学习中，地道的语言、逼真的语境是不可忽视的。大班幼儿只有注意到语言的科学性、正确性，了解一些不同的社会习俗，才能进行有效的交际，进而养成良好的语言习惯。

（四）游戏式学习的实施要点

游戏式学习的实施要点主要包括以下六个方面：① 根据教学目的精心设计游戏。② 注意课堂中游戏的类型搭配与时间。③ 游戏难度要分层，让幼儿有选择。④ 师生共同设计游戏。⑤ 要注意游戏设计的真实性。⑥ 游戏也需要具有时尚性。

游戏式学习作为一种高效的教学方法，具有一定的趣味性，在实践中不仅能营造愉悦的教学氛围，激发幼儿的学习兴趣，还能促进幼儿的创新、实践等综合能力的提升。因此，在教学过程中，教师要树立现代教学理念，合理把握游戏教学方式，丰富游戏教学形式；要明确教学目标，增加游戏中师生之间的互动；要完善游戏教学评价方式，不断提高教学质量，进而促进幼儿的智力与非智力的协调发展。

知识巩固

1.选择幼儿园科学教育活动内容的原则有哪些?

2.简述幼儿园科学教育活动内容的范围。

3.简述游戏式学习的具体方法。

【参考答案】

1.选择幼儿园科学教育活动内容的原则有哪些?

(1)科学性与启蒙性原则

(2)区域性和季节性原则

(3)时代性和民族性原则

(4)兴趣性和原则性原则

(5)计划性和生成性原则

(6)系统性和完整性原则

(7)广泛性和典型性原则

2.简述幼儿园科学教育活动内容的范围。

(1)植物领域

(2)动物领域

(3)物质材料领域

（4）自然现象领域

（5）常见生活产品领域

（6）生态环境领域

3.简述游戏式学习的具体方法。

（1）操练性游戏

操练性游戏主要用于语言的学习，可以培养幼儿手脑并用的能力，让他们在反复操练的过程中巩固知识。

（2）激趣性游戏

激趣性游戏主要是为讲授新知识而设定的，目的是激发幼儿的学习兴趣，启迪其思维，促使其积极主动地动脑、动口。

（3）合作性游戏

合作性游戏是小组游戏的一种，可以是展示性的，也可以是竞争性的，注重利用幼儿的好胜心激发他们的学习兴趣。

（4）拓展性游戏

拓展性游戏一般用于教授新知识后，可以帮助幼儿把新旧知识贯穿起来，形成一个较为系统的知识结构。

（5）综合性游戏

综合性游戏更接近幼儿的实际生活，具有很强的时尚性和参与性，需要教师根据幼儿喜欢的娱乐活动不断地更新与变换游戏的形式。

模块四　幼儿园集体教学中科学教育活动的设计与实施

　　在当前的幼儿园科学教育活动中，面向全体幼儿、统一的集体活动是幼儿园教学活动最普遍的组织形式。不可否认，集体教学是符合我国国情的幼儿园教育组织形式，在今后相当长的一段时间内还将继续存在。但是，集体教学也有自身的局限性。为弥补其不足，其他幼儿园科学教育活动组织形式——区角学习活动和生活活动中的科学教育应运而生，并在幼儿园科学教育实践中扮演着越来越重要的角色。对区角学习活动和生活活动中的科学教育，将在模块五进行详细说明。

　　本模块的思维导图如图 4 所示。

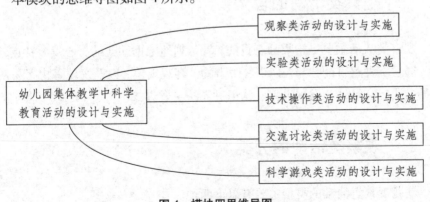

图 4　模块四思维导图

73

案例引入

秋天到了，秋风吹起，落叶似彩蝶飞舞。在幼儿园里的一棵梧桐树下，很多小朋友正在观察落在地上的梧桐叶，有的小朋友甚至拿来放大镜探究梧桐叶的秘密。看到这种情景，张老师临时决定开展以"认识梧桐叶"为主题的科学教育活动。

张老师拿来画纸和蜡笔，让孩子们通过自己的观察把美丽的梧桐叶用画笔画出来。通过绘画，孩子们发现了梧桐叶的叶片、线条、叶脉的特征，最后还按要求完成了"探究梧桐叶的秘密"的记录单。

幼儿通过观察、比较和讨论交流，了解了一些关于梧桐叶的科学知识。更重要的是，这样的科学教育活动不仅激发了幼儿主动观察身边的事物、科学现象的兴趣，还增强了他们亲近大自然、热爱大自然的积极情感。

思考：张老师采取了哪种科学教育活动组织形式？开展了哪种科学教育活动？请学习本模块，给出你的判断并说出理由。

第一节　观察类活动的设计与实施

一、观察类活动的含义

观察类活动主要是指教师有目的、有计划地根据幼儿的身心发展特点，让幼儿通过多种感官的参与，认识客观事物、客观现象，以及发现事物间联系的一种方法。它是幼儿发现世界、认识世界的主要方式。

二、观察类活动的分类

幼儿观察类活动的类型主要有以下四种。

（一）对个别物体的观察

对个别物体的观察是指对单个事物或现象进行观察。幼儿通过观察了解某一事物的具体特征或变化规律，如物体的生长规律、颜色形态、质地等，或了解某一现象的发生机制、过程、声音等。个别物体观察是观察的基础，在各年龄段的班级均适用。

（二）长期性观察

长期性观察是指对某一事物或现象进行时间较长、系统的观察。幼儿在这个过程中能够获得一个较为系统的事物变化和发展体系，比如观察种子的生长过程，观察从"发芽→生长→开花→结果"的整个生长过程。这是一种时间跨度较大的观察类活动，需要考虑到许多外部因素的影响，因此需要幼儿具有一定的意志力和生活经验。长期性观察从中班开始训练最佳。

（三）比较性观察

比较性观察是指通过对两种或两种以上的事物进行对比，寻找不同事物的异同点，经过分析、判断和思考获得对事物的认识。此方法能够帮助幼儿迅速把握事物的特点并以此为依据对事物进行分类，比如苹果和梨、象棋和围棋、吉他和小提琴等。比较性观察是较为复杂的认知活动，因此考虑到幼儿的年龄特点，在小班后期或中班、大班开展更为适合，教师在开展这类活动时必须结合幼儿的认识经验和能力，逐渐增加比较难度。

（四）间接性观察

间接性观察是指间隔一段时间对某一事物或现象进行的观察。这种观察强调认知图式的逐渐建构，即每次观察均在上一次观察的基础上进行。比如观察西瓜，第一次观察，让幼儿先认识西瓜外部的比较明显的特征（形状、颜色等）；第二次观察，让幼儿品尝西瓜的味道；第三次观察，让幼儿了解西瓜的生长方式和习性。间接性观察在小、中、大班均适用，但在大班应用得最多。

三、观察类活动的设计

（一）观察类活动目标的设计

观察类活动旨在让幼儿通过感官来认识事物，依据《纲要》中对科学领域总体目标的建议，观察类活动目标应该以"幼儿主动参与"为核心。根据幼儿的年龄特点来看，此类活动的参考目标如表 4-1、表 4-2、表 4-3 所示。

表 4-1　3～4 周岁年龄班观察类活动的目标

3～4 周岁	观察类活动的目标
	能够运用视、听、嗅、味、触等感官感知事物的显著特征
	尝试通过语言表述自己在观察中遇到的问题和变化
	感受观察的乐趣，能积极参与讨论和观察活动

1. 目标案例一：有趣的水

（1）能够用看、摸、尝等方式感知水的特点。

（2）能够说一说水有哪些特质。

（3）喜欢玩水，始终保持愉快的心情。

表 4-2　4～5 周岁年龄班观察类活动的目标

4～5 周岁	观察类活动的目标
	能够运用比较的方式观察事物的特征
	能够运用完整的语言与同伴交流观察中的发现
	能够利用数字、图画、文字等多种方式记录观察的结果

2. 目标案例二：比较自行车和汽车

（1）能够比较自行车和汽车的相同点和不同点。

（2）能够运用完整的语言与同伴讲述、讨论在观察中的发现。

（3）能够画一画自己喜欢的自行车和小汽车。

表 4-3　5～6 周岁年龄班观察类活动的目标

5～6 周岁	观察类活动的目标
	能够对事物进行长期系统的观察
	能够有顺序地观察事物的基本特征
	能够探寻观察对象的变化规律

3. 目标案例三：观察蝌蚪

（1）能够坚持对蝌蚪的变化进行观察。

（2）能够说出并记录蝌蚪各个时期的特征。

（3）能够初步探索从蝌蚪到青蛙的变化规律。

（二）观察类活动内容的选择

有效的活动内容能够激发幼儿参与活动的兴趣。教师在选择观察内容时必须考虑到的因素包括幼儿的年龄特征、生活经验、活动趣味性以及对幼儿发展的意义等。根据《纲要》的指导要求，活动内容应该贴近幼儿生活，例如小班的"有趣的水"、中班的"彩虹真漂亮"、大班的"鱼"，等等。

（三）观察类活动过程的设计

一般教学过程主要分为导入、主体、结束、延伸四个部分。下面根据这四个部分阐明观察类活动的要点和设计思路。

1. 导入部分

导入部分首先通过各种方式激发幼儿观察的兴趣，可以进行与观察内容有关的猜谜、童谣、视频或歌唱活动等，教师要交代清楚在活动中需要完成的任务，比如观察西瓜和南瓜的相同点和不同点等。

2. 主体部分

主体部分的设计因观察活动的类型而异。可供参考的设计思路如下：

（1）个别事物观察活动的设计思路：教师展示事物（观察对象）—幼儿进行观察—师生互动、交流讨论—进一步观察—幼儿表达、展示、记录。

（2）长期性观察活动的设计思路：教师设计观察时间和方式—引入观察对象或问题—师生共同进行观察与讨论—引导幼儿进行记录—按一定时间进行观察并记录—讨论结果。

（3）比较性观察活动的设计思路：教师分别展示要比较的事物（观察对象）—提出问题--幼儿进行自由观察—师生互动、交流讨论—得出结论—幼儿表达、巩固结果。

（4）间接性观察活动的设计思路：间接性观察是指对个别事物观察活动进行重复性观察，力求通过多次观察逐渐加强幼儿对这一事物的认识，每次观察都是在为下一次观察做准备。

3. 结束部分

结束部分一般是教师对本次观察活动的总结，可以是对幼儿在观察活动中的发现的总结，也可以是对观察的结果的总结。总结方式可以是教师进行的自白式总结，也可以是幼儿进行的创造性总结。

4. 延伸部分

活动的延伸部分是对本次活动可能性的进一步扩展，或者是对本次观察活动的主题的升华，比如将活动主题升华到培养幼儿克服困难、坚持到底的意志力，以及热爱环境、热爱大自然的情感等。

四、观察类活动的实施要点

（一）激发幼儿观察周围事物的兴趣

客观世界为幼儿提供了丰富的观察对象，而学会观察的第一步就是要对身边的事物感兴趣，在教学中教师可以通过猜谜、游戏、故事等形式的观察活动进行教学。

（二）让幼儿在真实的情境中进行观察

教师可以通过布置环境、提供物质材料等方式为幼儿营造一个真实的观察情境，让幼儿置身其中并进行观察。

（三）充分调动幼儿的多种感觉器官

如眼、耳朵、鼻子、嘴巴、手等。

（四）让幼儿针对观察中的发现进行交流和讨论

教师应设置启发性问题，让幼儿在观察中和观察后，根据发现的问题进行交流和讨论，促进师生互动，使幼儿学会分享信息。

（五）鼓励幼儿通过多种方式做好观察记录

如拍照、画图、录像、文字记录、剪纸等方式。

五、观察类活动案例及评析

有趣的两面镜（大班）

【活动目标】

1. 观察两面镜夹角的变化所带来的物体成像数量的变化。
2. 尝试记录两面镜成像的现象。
3. 乐意表述自己的探索过程和实验结果。

【活动准备】

1. 材料准备

一面大的两面镜，每人一面单面镜和一面两面镜、各种立体小玩具，记录所需的纸、笔若干。

2. 经验准备

请家长帮助幼儿在家里认识镜子，使幼儿对单面镜有基本的了解。

3. 环境创设

创设一个多镜子的环境。

【活动过程】

1. 了解单面镜的成像现象

教师："老师今天为每位小朋友都准备了一面小镜子，让小朋友照一照自己可爱的样子（教师把小镜子分发给每个幼儿）。让我们一起来照一照自己，你都看到了什么？"

（教师组织幼儿自由地照小镜子）

教师："这时，你从镜子里看到了几个自己？"

（教师引导幼儿同伴间互动，看一看，说一说，摸一摸）

2. 认识两面镜

教师："今天老师除了给小朋友们准备了一面小镜子外，还给小朋友们带来了另一种镜子，你们看，它像什么？它是怎样做成的？"

（出示两面镜）

教师："这种镜子叫两面镜。两面镜非常有趣，可以慢慢地打开，还可以慢慢地合起来。"（教师边讲边演示）接着，老师边看边做惊讶状说："咦！有一个有趣的现象，小朋友们，你们猜一猜我在两面镜里看到了什么有趣的现象呢？"

（让幼儿自己发言）

教师："那我到底看到了什么现象？你们想知道吗？好吧，现在就请你们也玩一玩，看看你们能有什么发现。"（给每个幼儿分发两面镜）

3. 初步探索，两面镜有趣的成像现象

教师："小朋友们，你们刚才在两面镜里发现了什么有趣的现象？为什么会这样呢？"

（教师引导幼儿照两面镜，组织幼儿进行交流讨论）

4. 再次探索，进一步感知两面镜的成像现象

（1）幼儿用两面镜观察各种立方体小玩具，并进行探索，教师注意观察和指导，并鼓励幼儿相互交流。

教师："刚才，小朋友们发现了这么多有趣的现象。其实，两面镜还会变更多的戏法儿呢！看，老师还给小朋友们准备了许多小玩具，请小朋友们用自己的两面镜观察这些小玩具，看看你们还能发现什么更有趣的现象？"

（2）组织幼儿交流探索的结果

教师："小朋友们，有没有发现什么更有趣的现象呢？"

5. 第三次探索

感知两面镜夹角变化带来的物体成像数量的变化并记录结果。

（1）教师鼓励幼儿继续探索并记录，并注意观察和指导

教师："小朋友们可真能干，又发现了这么多有趣的现象。现在，老师想请小朋友们把这些有趣的发现记录下来。那么，该怎么记，记在哪里呢？请小朋友们看黑板上的这张记录表。"

（2）教师介绍记录表格

"第一行是两面镜的标记。第一张图是两面镜完全打开时的标记（边讲边

演示）。第二张图是两面镜合拢时，张口大一点儿时的标记。第三张图是两面镜再慢慢合拢，张口小一点儿时的标记。第二行、第三行是空格，是给小朋友记录用的。如果，你是用小鱼跟两面镜玩的，你就在第二行的第一个空格里画上小鱼的标记，然后根据上面的标记，看看在这种情况下（指第一标记）小鱼像的数量是多少，在这种情况下（分别指第二、第三标记）小鱼像的数量又是多少？然后，把你的发现记录下来，可以用数字表示，也可以用图画来表示。下面，请小朋友试一试，边玩儿边记录吧！"

（3）展示个别幼儿的记录单，组织幼儿讲述记录结果

教师："小朋友们，你们用两面镜观察到了什么？发现了什么规律呢？"

6. 将幼儿的记录单装订成册，结束活动

教师："今天，小朋友们用两面镜发现了很多有趣的现象，探索出当两面镜完全打开的时候，物体像的数量最少，只有一个；在两面镜慢慢合拢的过程中，物体像的数量越来越多。现在，老师把小朋友们的记录单装订成一本书，取名叫《我们的发现》，挂在教室里，好吗？"

【活动延伸】

请幼儿回家之后观察一下多面镜的成像特点，并在爸爸妈妈的协助之下总结出其规律。

【活动评价】

幼儿对日常生活中的科学现象和科学问题有着天生的好奇和探究欲望，"有趣的两面镜"就是因幼儿的兴趣生发出来的。在教学活动中，教师先诱发幼儿的认知冲突，鼓励他们大胆提问和猜想。幼儿在有了猜想和问题，并产生想寻求答案的愿望后，主动探究学习才会进入真正的准备状态。接着，在幼儿探究的过程中，教师指导他们通过自身的探索，去感知、操作，发现问题并寻求答案。其间，教师应尊重并接纳每个幼儿的观点，积极正确地评价每一个幼儿的探究行为，对认真探索、积极动脑的幼儿加以肯定和表扬，对能力较差的、对他人依赖性较强的幼儿要给予鼓励，帮助其树立自信心，从而进一步调动幼儿主动学习的积极性。

第二节　实验类活动的设计与实施

一、实验类活动的含义

实验类活动是指教师或幼儿借助一些素材和媒介（如一些材料、设备、仪器），通过简单的操作探究事物的客观规律和变化过程的一种方法。

二、实验类活动的分类

在幼儿园科学教育中，幼儿进行的实验活动一般都是验证型实验，即在已经对某一事物具有一定的认识经验的基础上提出假设，并为验证假设而进行的一系列实验活动。这种实验符合学龄前儿童的认知特点，仅有少部分幼儿能够进行探索性实验。以实验操作者为着眼点，实验类活动还可以分为以下两类：

（一）以教师为主体的示范型实验

示范型实验是指由教师进行实验示范，让幼儿通过观察其现象、变化、结果，最终形成对事物的一般认识的方式。这种方式适合难度较大的实验，比如验证小苏打与醋混合后是否会产生气体的实验。在实验前，教师要有充足的准备，使幼儿明确假设问题，提醒幼儿观察实验的变化。在幼儿掌握观察的基本流程以后，教师也可以让幼儿自主操作。

（二）以幼儿为主体的操作型实验

操作型实验是指由幼儿亲自动手操作、摆弄、操作实验对象，参与实验的整个过程。这种实验过程简单，易于儿童操作，比如磁铁实验、浮力实验等。以幼儿为主体的操作型实验能够最大限度地调动幼儿参与的积极性，幼儿通过亲自摆弄实验对象，充分满足了自己的好奇心，同时能够近距离观察和亲身体验实验的过程。

三、实验类活动的设计

（一）实验类活动目标的设计

设计实验类活动目标，首先必须遵循《纲要》中科学领域目标的总体要求，设计的核心目标为"科学探索能力""科学好奇心"。由于受各年龄段儿童身心发展水平的影响，实验类活动的目标需按一定的年龄段进行划分，各年龄段实验类活动的参考目标如表 4-4、表 4-5、表 4-6 所示。

表 4-4　3～4 周岁年龄班实验类活动的目标

	实验类活动的目标
3～4 周岁	能够注意到事物或现象的新变化
	能够在自己的观察、操作实验中有所发现
	体会到实验的乐趣，对实验类活动感兴趣

1. 目标案例一：水的溶解

（1）能够注意到物体在水中溶解的现象。

（2）能够发现不同物体在水中溶解的不同变化。

（3）尝试将更多的物体放入水中进行实验。

表 4-5　4～5 周岁年龄班实验类活动的目标

	实验类活动的目标
4～5 周岁	积极参与关于事物或现象新变化的讨论和实验
	能够结合现有经验对问题进行假设
	能够初步根据实验进行合理推理和判断，得出结论

2. 目标案例二：摩擦起电实验

（1）能够发现和讨论生活中有许多静电现象。

（2）尝试各种事物间摩擦能否产生静电并得出结论。

（3）能够初步理解静电现象发生的原理。

表4-6 5～6周岁年龄班实验类活动的目标

5～6周岁	实验类活动的目标
	对新的事物或现象表现出强烈的探索欲望
	能够根据已有经验对新的变化进行解释和预测
	能够结合知识和经验，运用多种方式进行实验，验证结论

3. 目标案例三：水的守恒

（1）能够发现相同体积的水在不同容器中高度的变化。

（2）能够初步假设不同容器中的水的多少。

（3）通过实验得出水的多少不受容器形状的影响。

（二）实验类活动内容的选择

教师选择的实验类活动内容，首先必须能够引发幼儿进行实验的兴趣，其次实验的内容和过程要易于幼儿进行操作，最后实验的内容要符合幼儿身心发展规律，易于理解。幼儿园实验类活动的内容通常如下。

1. 化学类实验活动的内容

如"小苏打与醋反应""银勺变黑实验"等。

2. 物理类实验活动的内容

如"光与影""杠杆原理""摩擦静电"等。

3. 动物类实验活动的内容

如"不同动物的食性""不同动物的叫声"等。

4. 植物类实验活动的内容

如"种子发芽的过程""植物的生长条件"等。

（三）实验类活动过程的设计

实验类活动是一种相对开放、自由的活动，需要教师有计划、有步骤地开展。实验类活动的一般设计思路如下：

1. 准备工作

充分的准备工作是实验类活动的良好开端。这里的准备主要指教师进行的一些预备性工作，比如准备实验的材料，教师需要预先准备在实验中可能用到的材料，预先考虑材料的数量以及这些材料是否具有安全性等；同时还有实验方面的准备，比如考虑到幼儿在操作中可能遇到的问题，需要幼儿注意的实验关键点有哪些，各个环节需要提出哪些问题以及怎样充分调动幼儿实验的积极性等。

2. 说明和演示

一般情况下，教师首先要向幼儿呈现整个实验的过程，通过教师的操作，让幼儿观察整个实验的具体操作步骤和明显变化。教师需要注意：第一，操作步骤清晰明确；第二，操作与说明同时进行；第三，让幼儿对实验结果有所预设；第四，给幼儿充分的思考时间；等等。

3. 操作和指导

教师在向幼儿呈现基本的操作流程之后，让幼儿进行自主探索。在这个过程中，可以让幼儿以个人或小组的形式进行自由操作；也可以以教师为主，让幼儿协助教师进行实验，这种方式适合较为复杂的实验。在此过程中，教师需要仔细观察幼儿并进行适时、适当的指导，尽量使用启发性问题，让幼儿通过自己的努力完成实验，得出结论。

4. 得出结论

得出结论是我们进行一系列实验的最终目的。幼儿在教师的演示和帮助下，逐渐体验到事物或现象的变化，探究其原因或原理，最终得出一个符合科学常理的结论。

5. 活动延伸

在一般的教学设计中，活动延伸会作为教学的最后一个环节进行，但在实验类活动中，延伸活动可以是对进一步的实验问题的预设，比如在"水的溶解"实验中，教师可以提出"水除了具有溶解的作用，在不同的温度下还具有不同的形态，我们下一节课继续探索水的奥秘"；还可以是对某个主题的升华，比如在"小兔子吃什么"实验中，教师可以将实验主题升华到热爱小动物、热爱大自然。

四、实验类活动的实施要点

为幼儿营造一个轻松、自由、愉快的活动氛围。宽松愉悦的氛围有利于幼儿开动脑筋，积极参与到活动中。

为幼儿准备充足的实验材料，让每个幼儿都有亲自动手操作的条件和机会。

积极鼓励幼儿进行实验操作，考虑到幼儿之间的个体差异，因材施教。

引导幼儿在实验过程中发现问题，允许幼儿犯错。

在活动过程中善于设置悬念，提出具有启发性的问题，比如"为什么会出现这种现象""这样做可能出现哪些反应""用自己的话解释一下发生这种变化的原因"等。

五、实验类活动案例及评析

糖和盐（小班）

【活动目标】

通过观察和实验，知道糖和盐的名称、特点及用途，能简单比较出糖和盐的相同点和不同点。

【活动准备】

1. 材料准备
糖、盐、杯子。
2. 经验准备
请幼儿回家观察家里的盐与糖的样子。
3. 环境创设
在器械设备区准备好盐和糖以及合适的食物。

【活动过程】

1. 导入活动，引起幼儿的兴趣
（通过尝一尝的方法让幼儿了解杯子里面装的是什么水）
（1）出示两杯水，问：你们知道这两个杯子里放的是什么吗？
（2）请幼儿来尝一尝，并说一说杯子里的是什么水。

2. 引导幼儿观察糖和盐

（通过操作培养幼儿动手、动脑解决问题的能力）

（1）请幼儿根据生活经验，说说糖和盐是什么样子的。

（2）请幼儿打开纸包，看看纸包里是什么，想想用什么办法可以知道哪一包是糖，哪一包是盐，糖是什么样子的，盐是什么样子的。请幼儿将糖和盐倒入水中，用筷子轻轻搅拌，待糖和盐溶化后，问：糖和盐到哪里去了？

3. 了解糖和盐的用途

（培养幼儿的表达能力）

问：你们知道糖和盐的用处吗？（家家户户烧菜时都离不开它们，工厂很多地方也要用到盐）

4. 比较糖和盐

（培养幼儿对事物的观察能力）

问：糖和盐有哪些地方是一样的？哪些地方是不一样的？

小结：糖和盐都是白色的，一粒粒、亮晶晶的，它们都能在水里溶化，它们都是人们生活中不可缺少的东西。糖和盐的味道是不同的，因此它们的用途也是不一样的。

【活动延伸】

请幼儿回到家里，通过尝一尝、闻一闻、摸一摸等方式分辨哪些是糖，哪些是盐。

【活动评价】

糖和盐是生活中最为常见的物品，也是幼儿需要知道和辨别的重要事物，本活动符合《纲要》中"贴近幼儿的生活"的教育宗旨。另外在整个活动过程中，教师充分调动幼儿的各种感官，通过尝一尝、说一说、试一试的方式让幼儿切身体会糖和盐的相同点和不同点。对于小班的幼儿来说，实验的方式更为直观和生动，因此本活动的开展也符合幼儿的年龄特征和生活需要。

第三节　技术操作类活动的设计与实施

一、技术操作类活动的含义

技术操作类活动在幼儿园科学领域活动中主要是指教师借助一些材料或设备，有计划、有目的地让幼儿学习操作方法和技能的一类活动。

二、技术操作类活动的分类

《3～6岁儿童学习与发展指南》在科学探索的目标中提出要"动手动脑探索物体和材料"。根据物体和材料的功能，可将技术操作类活动分为以下两类：

（一）学会使用一般工具

幼儿生活中常见的一般工具包括剪刀、小刀、各种尺子、订书机等，还有一些对幼儿来说较为复杂的工具，如儿童自行车、遥控器等，让幼儿学会使用这些工具是技术操作类活动的目标。在科学教育过程中，教师可以根据各年龄段儿童的经验、兴趣和需要开展这类活动。

（二）拆装或制作科学性玩具

拆装和制作玩具是大部分幼儿喜欢的活动之一。在小班时就应教会幼儿如何玩玩具。而对于具有一定生活经验的幼儿来说，他们已经不满足会玩儿，而开始逐渐探索多样化的玩具，甚至制作一些玩具，包括"不倒翁""降落伞"等。

三、技术操作类活动的设计

（一）技术操作类活动目标的设计

技术操作类活动目标以"技能操作能力"为核心，对不同年龄阶段的幼儿有不同的要求，具体内容如表 4-7 所示。

表 4-7　各年龄班技术操作类活动的目标

幼儿年龄阶段	技术操作类活动的目标
3～4 周岁	能够正确使用科技产品和工具
4～5 周岁	1. 能够掌握一般的科学产品和工具的使用方法 2. 能够根据教师的指导制作简单的玩具和工具
5～6 周岁	1. 能够经指导或自己设计并制作一些玩具和工具 2. 能够熟练运用常见的科技产品和生活小工具

（二）技术操作类活动过程的设计

按照活动类型的不同，技术操作类活动可以有不同的设计思路。

1. "学会使用一般工具"的教学模式（展示工具—引导观察—交流讨论—操作摆弄—正确使用）

在这类活动的设计过程中，教师需要根据幼儿的年龄特点选择安全、简单、常用的工具，尽可能多地让幼儿自己探索工具的正确使用方法；教师的指导要适时和适度；教师要为幼儿创造交流和讨论的情境，使幼儿能够结合自身的经验，进一步学会工具的正确使用方式。

2. "拆装或制作科学性玩具"的教学模式（展示模型—讲解演示—操作摆弄—交流讨论—展示分享）

在这类活动的设计过程中，教师首先要激发幼儿对玩具的兴趣，拆装或制作的玩具应尽可能来源于日常生活，让幼儿看得见、摸得着；其次，教学与讲解相结合，注重幼儿的自主性和创造性；最后，要为幼儿展示自己的作品创造机会和条件。

四、技术操作类活动的实施要点

（一）时刻注意幼儿的安全和保持工作台的整洁

如使用剪刀时提醒幼儿保护双手，在制作玩具后提醒幼儿整理废旧材料。

（二）尽可能为幼儿提供半成品、低结构化的材料

提供的材料要能够激发幼儿的想象力，如厨具模型、拼图模型等，避免使用工厂生产的高结构化材料。

（三）让幼儿通过操作探索工具的使用技巧和原理

在活动中以幼儿自主探索为主，教师指导为辅。

（四）鼓励幼儿运用多种方法使用工具

不限定工具的功能，如筷子的作用是吃饭，还可以当作鼓棒，尽可能让幼儿创造性地探索各种工具的独特功能。

（五）引导幼儿用身边的材料制作玩具

如碎布条、皮筋、饮料瓶、弹珠等材料。

五、技术操作类活动案例及评析

制作"不倒翁"（大班）

【活动目标】

1. 观察并发现"不倒翁"玩具底部是半球体，以及里面所装物品的特点。
2. 通过动手操作，探索适合制作"不倒翁"的材料。
3. 培养观察比较、动手操作及发现问题、独立解决问题的能力。

【活动准备】

1. 工具准备

"不倒翁"玩具 3 个，"不倒翁"操作玩具 15 个，黄豆、弹珠、太空泥、棉花、沙子若干，记录纸，《不倒翁》音乐。

2. 经验准备

事先请家长为幼儿播放带有"不倒翁"的动画片，引起幼儿的兴趣。

3. 环境创设

创设"不倒翁"画展。

【活动过程】

1. 谜语导入

谜语：

说你呆，你不呆，胡子一把，样子像小孩。

说你呆，你不呆，推你倒下，你又站起来。

教师："猜一猜说的是什么？"（一种玩具）

2. 观察并发现"不倒翁"的特点

教师："老师带来了三种不同造型的'不倒翁'，你们可以过来看一看、摸一摸、玩一玩。"

教师："请回到座位上。谁来说一说你是怎么玩'不倒翁'的？"（没动它时它是直直的，推它时它怎么也倒不下）

教师："这三种'不倒翁'有什么相同的地方？"（底部是半球体。还有呢？肚子里是空空的吗？）

教师出示记录表并小结："你们观察到'不倒翁'的底部是个半球体，身体里面装有物品。"

3. 探索适合制作"不倒翁"的材料

教师："今天，我们也来做一个'不倒翁'好吗？"

教师："老师已经给小朋友们准备好了这种底部是半球体的'不倒翁'，还为你们准备了黄豆、弹珠、太空泥、棉花、沙子，你们分别放进去试试，帮老师选一选哪种材料适合做'不倒翁'，好吗？"

4. 幼儿尝试制作

（把幼儿制作的"不倒翁"留在桌子上，一起来观察）

教师："你们刚才试了棉花和太空泥了吗？放进去怎么样？为什么放棉花和太空泥的'不倒翁'倒了，而放沙子、豆子的'不倒翁'能站住？"（沙子、豆子等比棉花、太空泥重）

小结1：原来，放棉花和太空泥的"不倒翁"像没吃饱一样，肚子里轻飘飘地站不稳。底部放了沙子、黄豆的"不倒翁"重量都集中到了脚上，下重上轻，就能站住。

教师："你觉得弹珠够重吗？为什么放进去后，'不倒翁'还是倒了？"

小结2：由于弹珠是圆形的，在"不倒翁"的肚子里滚来滚去，滚到哪边就哪边重，所以"不倒翁"总是倒向重的一边。

教师："什么东西能让'不倒翁'立住？我来让'不倒翁'摇晃起来，你们发现了什么？（站住的玩具又倒了）装进什么不会倒？我们请成功的小朋友来讲一讲你的'不倒翁'。"

小结3：放入沙子、黄豆后，"不倒翁"虽然能立住，但是一摇晃，里面重的东西也随着滚到旁边，"不倒翁"就倒下了。而有太空泥帮忙的"不倒翁"，里面的东西不会滚来滚去，摇晃起来重量还是在脚上，所以始终不会倒下。

5. 做不倒翁游戏，体验快乐

教师："孩子们，你们变成'不倒翁'，跟着音乐一起摇摆起来吧！让我来推一推，看看哪只不倒翁做得好。"

此时教师要指导幼儿，如果重量集中到一只脚上会怎么样？重量集中到另一只脚上呢？重量应集中在哪里？（中间）

6. 引导幼儿根据作品进行总结

教师："根据刚才的操作，我们发现'不倒翁'里面要放重的东西，而且需要将重的物体固定在半球体底部的中央才能做到不倒。"

【活动延伸】

教师："这是小朋友们在幼儿园做的'不倒翁'，在家里可以做'不倒翁'吗？用什么做呢？来看看，它是用什么做成的。原来，我们生活中底部是圆圆的东西都可以用来做'不倒翁'，想不想试？下节课，你们把在家里制作的

'不倒翁'带来一起玩，好吗？"

【活动评价】

"不倒翁"是孩子们非常喜欢的一种玩具，它里面蕴含着力的平衡方面的科学知识。本活动充分结合了大班幼儿爱玩好动的特点，利用材料让孩子们通过自己动手操作、体验，发现、探索其中的秘密，并制作各种各样的不倒玩具。在本次活动中，幼儿有着强烈的探索兴趣。在实践活动中，幼儿始终在动手操作、思考、比较，交流自己的制作经验，并从实验中发现了"不倒翁"的"秘密"及制作"不倒翁"的方法，通过自己动手制作"不倒翁"，体验到了成功的喜悦。

第四节　交流讨论类活动的设计与实施

一、交流讨论类活动的含义

交流讨论类活动是指由教师带领幼儿针对某一科学话题收集、整理资料，围绕这些资料进行讨论，从而获得信息、学习知识的活动方式。这类活动的开展相对容易，也是幼儿园科学领域活动中最为常见的活动。

二、交流讨论类活动的分类

交流讨论类活动的模式以"收集资料—交流讨论"为主要脉络，以幼儿获得经验、方法为着眼点。交流讨论类活动可以分为两类。

（一）直接经验型交流讨论活动

直接经验型的交流讨论活动以幼儿的真实经验为主，从幼儿已经了解、知道的事情出发，选取他们已经熟悉的内容并让他们就此内容进行交流讨论。这类活动以交流讨论为主。

（二）间接经验型交流讨论活动

间接经验型交流讨论活动从幼儿尚不了解的事物出发，让幼儿通过收集资料、交流讨论等方式逐渐加强对这个事物的学习。这类活动更强调资料的收集。

三、交流讨论类活动的设计

（一）交流讨论类活动目标的设计

交流讨论类活动以幼儿经验为中心，因此对这类活动目标的设计需要考虑到幼儿的年龄特征。具体目标如表 4-8 所示。

表 4-8　各年龄班交流讨论类活动的目标

幼儿年龄阶段	交流讨论类活动的目标
3～4 周岁	1. 了解收集资料的途径和方法 2. 能够运用语言讲述自己的看法
4～5 周岁	1. 能够认真倾听、理解并评价他人的观点 2. 能够运用多种方式表达自己的观点
5～6 周岁	1. 能够围绕主题进行交流和讨论 2. 能够初步运用科学知识解释事物或现象

（二）交流讨论类活动内容的选择

根据《纲要》中"贴近生活"的教育宗旨，交流讨论类活动围绕的主题应该是幼儿熟悉的，或者近期幼儿感兴趣的话题，比如"打雷的原理""为什么下雨后会出现彩虹"等。

（三）交流讨论类活动过程的设计

科学交流讨论类活动应该将幼儿已有的经验、能力与他们的兴趣点有机结合起来。教师在组织与设计这类活动时可以依据一定的操作步骤，设计思路大致如下。

1. 确立讨论主题

组织与设计科学交流讨论类活动的首要事项就是确定一个主题，然后由教师引导幼儿围绕这个主题进行一系列的教育活动。主题可以是教师根据幼儿发展的需要而确立的，也可以是幼儿在生活和学习过程中遇到的问题，还可以是幼儿园课程体系中规定的科学性话题，等等。

2. 预设讨论问题

在确立某一个讨论主题之后，教师需要对这一主题可能出现的讨论方向进行预设。以"彩虹"为例，讨论时可能出现的问题有"彩虹是怎样形成的""彩虹有哪些颜色"等。这些问题可以让整个活动更加丰富，同时也影响着幼儿交流讨论的内容和方向。

3. 收集主题资料

为丰富幼儿对科学主题的认识，活动资料可以由教师收集，并为幼儿展示，也可以是由幼儿自己收集的。收集主题资料与预设讨论问题是相辅相成的，教师和幼儿在收集资料的过程中，生成问题，补充问题，从而获得对该主题的进一步认识。

4. 交流和分享

在这一环节中，幼儿可以根据原有经验和教师提供的资料进行交流和分享。教师可以结合预设的问题引导幼儿进行讨论，这里的交流分享不应局限于语言交流，还可以结合绘画、歌唱、图片和视频展示等多种方式，使整个活动更为生动活泼。

5. 活动延伸

在幼儿充分讨论科学话题之后，教师应该适时结束话题并引出具有发展性的延伸活动。以"彩虹"为例，教师可以提出"制作彩虹小实验"的延伸活动，最终实现幼儿园活动的连续性。

四、交流讨论类活动的实施要点

（一）交流讨论要以幼儿丰富的感性经验为基础

科学交流讨论是幼儿建构知识结构的有效方式，幼儿在交流中进行学习和分享，而这一切都建立在其已有的感性经验的基础上。

（二）教师的语言指导要有一定的目的性

教师的语言指导能够有效地纠正幼儿对信息的错误理解，同时能够影响幼儿的讨论方向。比如，教师在提问"谁知道地震的有关信息"之后，可以继续提问"地震有哪些影响""我们应该怎样在地震中保护自己"等。

（三）使用多种方式进行交流和讨论

除了语言，教师还可以采取多种交流方式，比如手势、动作、表情、绘画、歌唱等。

（四）注意倾听，及时引导

教师要有敏锐的观察力，能够抓住教育瞬间。比如，有幼儿在"水污染"的讨论中说出"喝了受污染的水，许多小鱼都死了"之后，教师可以提出"请大家说一说水污染给我们带来的危害"，这样能抓住幼儿的兴趣点。

（五）师生共同进行总结，帮助幼儿明确主题

科学讨论交流活动要始终围绕一个主题进行，而每个主题都应该反映一个主题问题，比如"水污染"的主题问题是保护环境，"地震"的主题问题是保护自己等。教师可以和幼儿一同进行总结归纳，明确讨论的主要问题，使活动主题得到升华。

五、交流讨论类活动案例及评析

动物怎样睡觉（小班）

【活动目标】

1.通过找找、看看、说说等方式，启发幼儿探索动物睡觉的秘密，感知表征动物的不同睡眠姿势。

2. 模仿体验，掌握正确睡姿和午睡规则，体验与同伴游戏的快乐。

【活动准备】

1. 工具准备

《动物怎样睡觉》的课件、音乐磁带《动物狂欢曲》《摇篮曲》和各种动物头饰。

2. 经验准备

事先安排幼儿观看《动物世界》等动物纪录片。

3. 环境创设

摆放各种睡姿的动物玩偶或张贴各种睡姿的动物图片。

【活动过程】

1. 活动导入

播放音乐，让幼儿听动物的呼噜声，让幼儿猜一猜"这是什么声音""这些动物什么时候才会打呼噜"。（通过层层递进的提问，引发幼儿对已有生活经验的联想）

2. 交流讨论

播放多媒体课件，让幼儿观察。在播放过程中，教师有意识地引导幼儿重点观察小动物是怎么睡觉的，通过提出"这是谁，它是怎么睡觉的""这又是谁，它怎么是站着睡觉的"等问题，引导幼儿说出什么动物站着睡觉、什么动物趴着睡觉、什么动物睁着眼睛睡觉……（运用渐进式提问激励幼儿大胆地探索）

3. 角色扮演游戏

播放音乐并让幼儿模仿小动物的睡姿。听见欢快的音乐，小朋友就模仿动物出来游戏；听到轻柔的《摇篮曲》，就模仿动物睡觉，睡觉时须安静，不要大声喧哗。让幼儿选择自己喜欢的小动物头饰，模仿头饰上的小动物睡觉的样子。

根据小班幼儿的模仿性，通过角色体验，让幼儿感受《摇篮曲》的舒缓意境并迅速融入其中。

4. 交流讨论

探讨幼儿正确的睡姿和午睡的规则。

"你们还知道其他小动物的睡觉姿势吗？"

"小动物有很多种睡觉的姿势，那你看看图片上的小朋友们是怎么睡觉的呢？你们觉得怎样睡觉又安全又舒服？"

5. 让幼儿总结睡觉的规则

学唱儿歌：

睡午觉

脱下鞋子静悄悄，盖好被子朝右躺。

闭上眼睛手放好，不吵不闹睡午觉。

儿歌指导易于让孩子掌握和巩固午睡的要领。

【活动延伸】

引导幼儿说一说自己在午睡时是如何做的，并把儿歌唱给爸爸妈妈听。

【活动评价】

本次活动将科学活动与艺术领域相结合，在音乐渲染的活跃氛围下，幼儿的积极性能够被充分调动，艺术与交流讨论相结合，使整个活动更加丰富多彩。通过图片鼓励幼儿大胆尝试，用各种动作展示小动物们的睡姿，激发幼儿积极探索的欲望，并引导幼儿感受摇篮曲的柔和，让幼儿喜欢午睡的氛围。让幼儿在科学与艺术的氛围中感受生活，这是本次活动的闪光之处。

第五节　科学游戏类活动的设计与实施

一、科学游戏类活动的含义

科学游戏类活动就是能够让幼儿获取有关科学学习经验的游戏活动，它是在教师的指导下，运用一定的器材，再现某些科学现象的游戏。幼儿通过观察、操作，在游戏的过程中接受科学教育，形成对周围事物和现象进行积极探索的浓厚兴趣，丰富知识和提高能力。科学游戏类活动旨在借助自然界的物质材料，包括水、石、沙、土、竹、木、树叶、贝壳等，以及科技产品、玩具、图片等，把科学道理寓于游戏之中，通过幼儿的参与，达到某一科学教育的要求，促进幼儿的发展。它是进行科学启蒙教育的一种有效方法。

二、科学游戏类活动的分类

幼儿在进行科学游戏时，体、脑共同活动，既有趣、轻松、愉快，又减轻了智力负担，有利于幼儿的身心健康和智力的发展。游戏的进程和任务的完成，要求幼儿必须按照规则进行游戏，这样有利于培养幼儿的控制能力与合作精神。根据幼儿教育的特点，下面介绍五种重要的科学游戏类型。

（一）感官游戏

这类游戏的目标主要是让幼儿运用感觉器官，感知和辨别自然物体的属性和功能。运用感官进行观察是幼儿认识周围世界的重要手段。而感官游戏可以让幼儿在愉悦的情境中提高观察能力，帮助幼儿学习运用自己的感觉器官来认识物体，体验物体的特性。依据参与感知的感官的不同，感官游戏可分为视觉游戏、听觉游戏、嗅觉游戏、触觉游戏等。感官游戏需要在心平气和的心境下进行，否则会影响感知的效果。这种游戏通常在小班中进行，比如"黑箱"（或"摸箱"）游戏就是一种训练触觉的游戏，而"气味瓶"游戏则可以训练幼儿的嗅觉。

（二）操作游戏

这类游戏是指通过给幼儿提供操作玩具或实物材料，让幼儿在自由操作的过程中（有时也要借助一定的操作规则）获得科学经验的一些游戏。下面介绍常见的三种操作游戏。

1. 分类游戏

根据事物的某个特征进行分类。如可以请幼儿按照生活环境（或其他条件如水、陆、空）对各种动物卡片进行分类。

2. 配对游戏

根据物体与物体之间的相同关系、相关关系、从属关系，对物体进行匹配。

3. 排列游戏

按某些特征对事物进行有序的排列。如将各种自然材料（如树叶、石子、贝壳等），按照各自的外形、大小、颜色、长短、轻重等有顺序地进行排列。

（三）情境性游戏

情境性游戏即教师根据一定的意图，随机选择或创设特定的情境，让幼儿观察、思考，从中发现事物之间的联系，并让幼儿运用已有的知识经验反映、再现或表演他们对事物的认识，或运用已有的知识经验处理特定情境下遇到的问题。例如，"堆雪人"就是一个表演性的游戏。在优美的背景音乐下，一名幼儿扮演堆雪人者，另一名幼儿扮演被堆的"雪人"。前者可以任意地塑造雪人的造型，而同伴要与他配合，扮演出雪人的各种姿态来。接着，太阳出来了，"雪人"在太阳的照耀下逐渐"融化"。这时，幼儿可以用各种创造性的方式来表现"融化"的过程。在这个游戏中，幼儿不仅可以再现和"雪"有关的科学经历，还可以获得无穷的乐趣。

（四）运动性游戏

运动性游戏是寓科学教育于体育活动的游戏。这类游戏活动量较大，适合在室外进行，如捉影子、吹泡泡、玩水、玩沙、堆雪人、玩跷跷板、放风筝、玩风车、打电话等。通过这类游戏，幼儿能够亲身感受并进一步理解事物的特性，加深对事物及科学现象之间的内在联系，即因果关系的理解。运动性游戏符合幼儿活泼好动的天性，能够激发幼儿的学习热情，发展幼儿活泼开朗的个性。如在"玩风车"的游戏中，幼儿可以在无拘无束的奔跑中感受空气的流动和风的存在。而在"捉影子"的游戏中，幼儿也能更深刻地体验到自己的影子无时无刻不在变化，感受自己的身体运动与影子的大小、方向的关系。

（五）竞赛类游戏

竞赛类游戏是以发展幼儿思维敏捷性和灵活性为目的，以竞赛结果判别输赢的游戏。竞赛游戏适合在中班、大班开展，能够满足中班、大班幼儿日益增长的求知欲。竞赛游戏的内容也比较丰富，如棋类游戏就是幼儿喜欢的一种竞赛游戏。幼儿的棋类竞赛一般借助跳棋、转盘棋的基本规则，融入科学方面的有关知识概念设计而成。棋类竞赛有利于培养幼儿的分析、判断能力，在互相竞争、比输赢的气氛中，幼儿的思维会更加活跃。

另外，还有图片接龙游戏，即在图片的两端各画一种图形，要求幼儿将相关内容的图片接在一起。如可以根据动物的吃食习惯将相应的动物、植物连接在一起。还有拼图游戏，即将物体的整体结构分别画在若干小图片上，要求幼儿把部分拼成整体，再把整体拆成部分，培养幼儿的综合能力。

三、科学游戏类活动的价值

科学游戏类活动不但具有一般游戏的娱乐作用，而且具有促进幼儿学习，促进幼儿身心健康发展的价值。

（一）能够促使幼儿养成良好的学习习惯

1. 科学游戏类活动让幼儿成为活动的主人，以自由的心态学习科学

游戏是一种建立在内在动机基础上的活动，且游戏的过程也具有高度的内部控制特征，这就最大限度地保证了幼儿学习的自主性。另外，很多科学游戏都属于规则游戏，游戏时幼儿要接受规则的约束，否则就会被其他游戏者排斥。在这种情况下，尽管幼儿的"自由"受到一定的限制，但却为幼儿换来了更多的游戏权利，因此游戏中的规则更能发展幼儿的自主性。

2. 能够让幼儿"在玩中学"，在愉悦的心态中学习科学

心情愉悦是游戏的一个重要因素。幼儿进行科学游戏最主要的原因就是"好玩"，或是新颖的游戏材料激发了幼儿的好奇心……在愉悦的心态中学习科学，不仅能开发幼儿的智力潜能，还能让幼儿观察到一些正常教学中观察不到的科学现象，获得在正常教学中不可能得到的情感和体验。

3. 能够让幼儿保持必要的"张力"，以轻松的心态学习科学

游戏属于同化性的行为。幼儿的行为通常表现为重复性操作和摆弄，这对成人没什么意义，但对幼儿来说是一种必要的练习，这种重复能使幼儿从中积累经验。幼儿的重复性操作并不完全是简单的重复，因为同化中必定包含着一

定程度的"顺应"。也就是说，幼儿在游戏中并不是一味地"玩耍"，重复性操作中也包含一些尝试性操作，甚至还会出现探索性的行为。

（二）能够促进幼儿的身心发展

1. 能够促进幼儿动作技能和身体素质的发展

游戏是幼儿活动的一种形式，是幼儿自如、无拘无束地根据自己的生理需要不断变换游戏方式的活动。无论是身体哪些部位的运动，都满足了幼儿生理发展的需要。如折纸、捏泥、插塑、串珠、夹玻璃球等对手部肌肉群发展、手眼协调能力训练十分有益，追逐、爬行、攀登、走平衡木、跳绳等游戏可增强幼儿的身体协调性。教师要为幼儿提供各种各样的游戏材料，幼儿可以根据自己的需要，选择游戏内容，进行动作练习和有益于提高身体素质的练习。

2. 能够促进幼儿探究能力的发展

游戏可以满足幼儿的好奇心和兴趣，这种好奇心和兴趣常常在游戏中发展成求知、探索的需要。如游戏"玩磁铁"，教师可以提供各种形状的磁铁、铁、大头针、曲别针、发夹、纽扣、纸片等，引导幼儿以游戏的形式进行探索，看谁的发现最多。通过玩游戏，幼儿会发现各种各样有趣的问题，如有的东西能被磁铁吸住，有的不能；磁铁隔着纸也能吸住大头针、曲别针；磁铁不同的部位吸住曲别针的数量不同；两块磁铁有时吸在一起，有时相互排斥。这些有趣的现象促使幼儿反复操作，并在探究中解决问题。通过教师的启发与讲解以及自己的研究，幼儿不仅能获得相关知识，还会产生对科学的兴趣，进而促进幼儿探究能力的发展。

3. 能够促进幼儿想象力和创造力的发展

经常做游戏能够激发幼儿的想象力和创造力。随着游戏情节的发展变化，幼儿的想象力也慢慢提高。游戏内容越丰富，幼儿的想象力就越活跃。例如"七巧板拼图"游戏，教师可以准备一些基本图形的卡片，启发幼儿发挥想象力，用卡片拼出物体形状，拼出的种类越多越好（如船、汽车、兔子、狗、鱼、房子等）。幼儿通过自由想象，拼出自己喜爱的物体，使创造力在充满自由和幻想的世界中体现出来，在创造过程中获得心理上的满足，对创造产生浓厚的兴趣，从而促进幼儿创造力的发展。

4. 能够促进幼儿语言能力的发展

幼儿的语言能力是在不断练习的过程中发展起来的。为了使科学游戏顺利进行，幼儿之间要相互交流，如讨论、协商科学游戏的规则，给同伴发出提示或指令，交流各自对游戏的体验等。

5. 能够促进幼儿社会性的发展

游戏是幼儿社会交往的重要途径。幼儿通过游戏进行交往，逐步了解同伴，学会与同伴合作、互助、交换、轮流、平等竞争，并逐步养成分享、谦让等良好的行为习惯。

6. 能够促进幼儿情感的发展

游戏时，幼儿没有外来的心理压力，可以通过各种方式表达自己的情感，在轻松愉快的氛围中，通过自己的努力获得成功的喜悦，从而变得更加乐观、自信。因此，游戏既能够满足幼儿自主性发展的需要，又能够放松幼儿的情绪，有利于幼儿身心健康发展。

可见，游戏是由幼儿内在需要引发的愉快的活动，是幼儿体验快乐、寻求满足、实现身心健康发展的重要途径，对幼儿有特殊的价值。游戏对幼儿的动作技能、探索行为、想象力、创造力、人际交往、社会性等方面的发展都有十分重要的作用。

四、科学游戏类活动的设计

（一）科学游戏类活动的设计原则

1. 科学性原则

教师在选择和编制游戏时，首先要考虑游戏的科学性，即保证游戏中蕴含的科学知识内容准确、难度适中，符合科学教育的目的和幼儿学习的可行性。如果为游戏而游戏，缺少科学性，也就失去了科学游戏的意义。同时，我们也要注意，科学经验与概念应该隐含在游戏的材料和游戏的规则中，而不能变成生硬的说教。

2. 趣味性原则

趣味性是游戏的生命。如果游戏的内容和过程既不生动又不有趣，没有一定的难度, 对幼儿来说缺乏吸引力, 那么游戏就失去了价值。因此, 设计幼儿科学游戏时, 要注意结合幼儿的兴趣特点。幼儿的兴趣表现在哪里呢? 一是带有神秘色彩的游戏 (如 "摸一摸" "猜一猜" 之类的游戏)。二是具有自己动手操作环节的游戏 (如操作类游戏), 能满足儿童的探索需要。三是可用自己喜欢的表现方式来反映自己对事物的认识的游戏 (如运动性游戏、情境性游戏), 此类游戏最能让儿童获得成功的喜悦。四是富有挑战性的游戏 (如竞赛游戏和智力游戏), 对中班、大班的幼儿来说, 这种游戏具有巨大的诱惑力。因此, 在设计游戏时, 教师应尽可能多的在游戏中融入幼儿感兴趣的成分, 让幼儿在游戏中体会到学习的愉悦。

3. 活动性原则

学前儿童喜欢摆弄, 好活动。科学游戏的结构应体现幼儿的活动探索过程。科学游戏类活动既要有较强的操作感, 又要具有一定的益智性, 能够促进幼儿积极思考。两者的有机结合, 既符合幼儿的年龄特点, 又能达到科学游戏的目的。例如 "数气泡" 游戏, 幼儿既能自己动手动脑, 又能互相配合。幼儿在游戏中玩得愉快, 既掌握了知识, 又发展了智力。

(二) 科学游戏类活动的设计要点

1. 游戏内容方面

科学游戏类活动中必须隐含一定的科学知识, 一般不主张在设计游戏时确定游戏目标, 但教师应明确每个游戏中隐含的科学概念。

2. 游戏材料方面

开展好游戏首先离不开物质环境和游戏材料的支持, 材料最好是教师自制或教师与幼儿共同选择的, 特别是用废旧物资自制的。自制的游戏材料不仅能体现教师的设计意图, 也能培养幼儿手脑并用的能力。另外, 游戏材料的投放和调整, 既要考虑游戏情节发展的需要, 也要考虑幼儿的审美特点。

3. 游戏规则方面

游戏设计的一个重要方面就是要详细说明怎么玩, 适合什么年龄段的幼儿玩, 适合几个人玩, 等等。要达到游戏的目的, 交代清楚游戏规则很重要。幼儿若不遵守规则, 就很难达到游戏的效果。

（三）设计科学游戏类活动应考虑的问题

幼儿科学游戏类活动的形式应是多种多样的，教师在选择或设计科学游戏类活动时应考虑如下问题：

1. 科学游戏类活动的目标要有层次性和隐含性

科学游戏类活动的目标要有层次性，这样才能充分发挥各种认知水平层次幼儿的积极性和主动性。同时，目标的实现要隐含在活动内容的选择、活动材料的投放、活动过程的指导与评价之中。在游戏中，目标只有由浅入深，循序渐进，由感性到理性，而且隐含在材料设计、操作活动和游戏环节之中，才能充分调动幼儿的积极性。

2. 科学游戏类活动的内容要有趣味性和可操作性

科学的抽象性、严密性会在一定程度上影响幼儿的求知欲，因此教师选择的科学游戏内容必须符合幼儿的认知特点，这样才能充分调动幼儿的积极探索精神，使幼儿在游戏中充分发挥主体性。一是要选择幼儿感兴趣的材料，激发幼儿的好奇心，使幼儿迷上科学。二是要选择可操作性强的内容。游戏的趣味性与游戏的可操作性有关，可操作性强的游戏，趣味性也强，容易调动幼儿探索的积极性。

3. 科学游戏类活动的过程要有情境性和灵活性

幼儿在科学游戏类活动中的自主探索能力能否得到发挥，不仅要看幼儿是否能获得一定的知识，更重要的是要看幼儿是否能积极参与游戏过程，是否肯动脑筋思考，是否在原有的水平上有所发展。为此，科学游戏类活动的过程必须要有情境性和灵活性，这样才能充分促进幼儿的自主探索，让幼儿在游戏中积极参与、大胆尝试。一方面，要创设游戏的情境，投放充足的游戏材料，这样幼儿动手操作的机会多、选择性强、涉及面广，兴趣就会更高。另一方面，在游戏过程中要让幼儿自主选择、自主观察、自主动手、自由表达，体现出游戏过程的高度灵活性。

4. 科学游戏类活动的形式要有活动性和广泛参与性

科学游戏类活动应该是幼儿的活动探索过程，既要有外部的操作感知和身体的运动，又要有内部的智力活动；同时要保证每个幼儿都能参与游戏，使每个幼儿都能成为游戏的主体，使幼儿在与物质材料相互作用的过程中学习科学。

五、科学游戏类活动的实施要点

对于集体性的科学游戏活动，教师可以按以下步骤组织实施：

（一）集中幼儿的注意力，调动幼儿参与游戏的热情

比如，教师以充满激情的语调告诉幼儿："下面即将玩一个十分有趣的游戏，谁能听见我宣布的游戏名称，谁就可以参加这个游戏。"这样，幼儿便会立刻安静下来，以期盼的心理来接受游戏。

（二）帮助幼儿理解游戏的规则

根据需要，教师可示范一次或带领幼儿做一些热身活动，待幼儿完全理解游戏的规则后即可正式开始。

（三）组织游戏使之顺利开展

教师不仅要关注游戏的进展，还要关注幼儿在游戏中的反应，必要时可为个别幼儿提供一些帮助，如提示下一步可进行的操作。教师也可适度地介入游戏，以推动游戏的发展，但要注意不要身陷其中，自己玩得乐不可支，却忘记了组织领导的责任。

（四）做好游戏的评价工作

在游戏结束后，教师可组织幼儿交流游戏中自己的所见所想以及自己的内心感受等，记住要为每个幼儿在游戏中的出色表现喝彩。如果是团队或集体游戏，还应感谢大家为成功开展游戏付出的努力。

科学游戏不仅具有教育意义，还具有较强的趣味性，是学前幼儿科学教育中不可或缺的一种方法。

六、科学游戏类活动案例及评析

打电话传口令（大班）

【活动目标】

1. 通过玩游戏和操作了解声音传播的途径和媒介。
2. 激发探索声音的兴趣。
3. 发展解决问题的能力和自主活动能力。

【活动准备】

1. 材料准备

空的塑料小杯若干个、细绳一根、钻孔工具、包装纸。

2. 经验准备

事先为幼儿介绍声音的有关知识。

3. 环境创设

创设一个安静、适合辨别声音的教学环境。

【活动过程】

1. 幼儿自己动手制作传声筒

（1）在每个塑料小杯的底部中间扎一个孔，孔的直径以刚刚能穿过细绳为宜。

（2）将细绳分别穿过两个塑料小杯底部的小孔后，在绳的两端各系一个结，防止细绳从小孔滑落。

（3）用包装纸对塑料小杯的外部进行任意装饰，一部有线电话就做好了。

2. 分组游戏

将幼儿分成四组，按座位在操场上排成四组纵队，纵队之间相隔约 1 米，各纵队之间的距离与电话线长度相当。一、三纵队比赛通话，二、四纵队负责监听，赛毕互换。

（1）教师指导幼儿玩"打电话"游戏，使幼儿知道声音会沿着紧绷的绳子迅速传播，知道声音传播是需要介质的。

（2）引导幼儿试一试如果绳子松弛了，声音是否还会被听到。

（3）教师分别向两队前排的第一名幼儿耳语传达一句简短的语句，让他们各自用"电话"传给后一名幼儿，一个接一个向后传，直到最后一名幼儿将听到的话大声讲出。

【活动延伸】

1. 与幼儿一起尝试用果冻盒、纸杯、纸盒、纸筒等制作有线电话，比较它们之间在传递声音上有无区别。

2. 尝试让幼儿用不同长度、不同材质的电话线（线绳、铁丝、毛线）做有线电话，请幼儿辨别声音的变化。

【活动评价】

本活动以游戏的方式调动了幼儿学习的积极性，让他们明白声音的传播需要介质，真空不能传声。声音要靠气体、液体、固体传播出去，这些作为传播媒介的物质被称为介质。声音在不同的介质中传播速度不同。当两个学生用自制的电话筒打电话时，说话的声音会引起空气的振动，振动沿着紧绷的绳子传播，他们便能听到彼此的声音。如果绳子松弛了，振动无法发生，声音也就无法被听到了。此外，绳子的长度也会影响声音传播的质量，绳子越长，声音越不易被听清。

实践活动

常青树和落叶树

【活动目的】

1. 通过对常青树与落叶树的观察与比较，培养热爱大自然、保护大自然的兴趣。

2. 通过对常青树与落叶树的观察，培养比较、观察、概括的能力。

3. 通过观察，知道落叶树树叶枯黄、常青树落叶不落的原因。

【重点】

幼儿观察、比较常青树与落叶树的不同之处。

【难点】

分析常青树不落叶、落叶树落叶的原因。

【材料准备】

1. 准备落叶树和常青树的影像资料，铺设场景。
2. 落叶树的树干和常青树的树干。
3. 讲解常青树与落叶树不落叶和落叶原因的课件。

知识巩固

1. 简述科学游戏类活动的设计原则。

2. 结合本模块所学知识设计一个观察类的科学教育活动。

【参考答案】

1. 简述科学游戏类活动的设计原则。

（1）科学性

（2）趣味性

（3）活动性

2. 结合本模块所学知识设计一个观察类的科学教育活动。

答案略。本题无标准答案，言之有理、结构标准即可。

模块五　幼儿园区角与生活活动中科学教育活动的设计与实施

　　上一模块提到，区角学习活动和生活活动中的科学教育是为弥补幼儿园集体教学中科学教育活动的不足而生的，在幼儿园科学教育实践中占有重要地位。本模块的思维导图如图 5 所示。

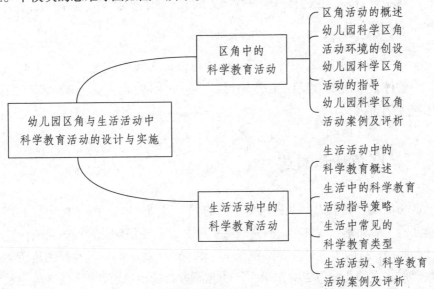

图 5　模块五思维导图

案例引入

某幼儿园中班的孩子们正在"美工区"里做调颜色的游戏，孩子们对这个游戏非常感兴趣，王老师让孩子们将红、黄、蓝三种颜色进行混合搭配，孩子们发现红、黄混合会变出橙色；红、蓝混合会变出紫色；黄、蓝混合会变出绿色。孩子们对颜色的变化充满了新鲜感，他们专心致志，认真调色，果然得出了更加美丽的颜色。同时，王老师让孩子们三个人为一组，用混合后的颜色涂画，看谁涂得最漂亮。这个区角为"美工区"，由于对颜色的变化感到好奇和新颖，孩子们将其命名为"创意空间"。红、黄、蓝三原色代表色彩的世界、艺术的世界、充满抽象和创意的世界，这个名称和本次的区角游戏正好相互呼应。

思考：在区角活动中，教师如何运用区角功能引导幼儿学习？如何体现区角教学与集体教学的不同？如何体现幼儿的个性特点？

第一节　区角中科学教育活动的设计与实施

上一节我们介绍了在当前幼儿园科学教育实践中最普遍的教学组织形式——集体教学活动，而另一种组织形式—区角活动，由于其特有的教育价值，越来越受到重视。

一、区角活动概述

区角活动，顾名思义是在区角进行的学习活动。可以说，"区角"的存在是幼儿园"活动室"区别于"教室"的重要之处。要使幼儿园的教育避免"小学化"倾向，打破集体教学"一统天下"的局面，就必须充分重视区角活动这一教学形式在幼儿学习中的作用。就幼儿园教育的现状而言，区角活动的重要性并没有得到应有的关注，在很多地方，区角活动只是作为集体教学的一种补充和点缀，甚至在有的幼儿园中区角活动还是"零"。

（一）区角活动的理论基础

为什么要开展区角学习活动？它和集体教学有什么不一样？实际上，这二者之间并不仅是形式上的差别。区角活动的背后，隐含着我们对幼儿发展及幼儿学习的新认识。区角活动的理论基础可以概括为以下四点：

1. 幼儿是在与环境之间的主动相互作用中获得发展的

建构主义给我们的一个重要启示是，幼儿不是从外部获得知识的，知识来源于主客体的相互作用。而在幼儿的科学学习中，这种相互作用更明显地表现为幼儿对物质材料的操作活动。幼儿在操作物质材料的过程中，能够获取有关这些事物的个人经验。此外，幼儿也和同伴、教师发生人际互动，这对其丰富个人的科学经验也是非常必要的。而这一切都建立在幼儿的主动性之上。也就是说，幼儿是主动地吸收外部信息、主动地建构自己的知识的。

2. 教师的作用不仅是传授知识技能，还在于提供支持性的学习环境

基于幼儿主动建构知识的原理，教师在幼儿学习科学过程中的作用，就不能局限于给幼儿提供"正确"的知识和技能。事实上，我们在实践中也能够看到，幼儿常常会固执地拒绝成人给他的"正确"答案，而按照自己的理解去行动，这正说明幼儿的学习是一个主动的过程。教师要维持幼儿学习的主动状态就应该提供一种支持性的学习环境，如创设学习情境，激发学习行为，提出启发性的问题，营造宽松、安全的心理氛围等。

3. 幼儿最了解自己的学习需要，教学活动应该适合幼儿的需要

相信"幼儿自己最了解自己的学习需要"，这是让幼儿进行自主性学习的前提。我们应该给幼儿自主选择活动的机会，因为只有幼儿自己感兴趣，他才会全身心地投入到活动中，同时其心智力量才能被充分地激发。我们也应该允许幼儿用自己的方式和材料进行相互作用，即使是用一种比较"低级"或"无效"的行为方式。因为"高级"的行为方式正是从很多"低级"的行为方式的重复与练习中孕育出来的，而正确解决问题的策略也需要很多次"无效"的尝试。总之，要让幼儿成为学习的"主人"。

4. 每个幼儿都是独特的个体，教师应该承认并尊重幼儿之间的个别差异

幼儿的发展存在个别差异，教育者不仅应该承认这一事实，还应该最大限度地满足每个幼儿的个体发展需要，同时使每个幼儿实现个性化发展。教师应该提供适合幼儿的学习内容、学习材料，指导幼儿用自己的方式、按照自己的步调来学习。教师对幼儿学习的要求及评价也应是因人而异的。

以上观点在幼儿园的区角活动中得到了充分的体现。也正是在这样的理念的支配下，区角活动才具有了区别于集体教学活动的特点。

（二）区角活动的特点

这里所指的幼儿园区角学习活动包括两种类型：一种是在以班级为单位设立的活动区（角）中的活动。幼儿园的班级活动室中一般都会设置一些活动区角，而科学区则主要是用于开展科学教育的区域。另一种是全园共享性的专门活动室中的活动。现在很多幼儿园都配备了专门的功能活动室，如美工活动室、音乐活动室等，而开展科学活动的活动室多称作科学发现室。将科学发现室活动归为区角活动也许会有点名不副实，而就其空间范围来说科学发现室虽然不能称为"区角"，但是其活动的组织形式却和区角活动有共同之处，二者具有共同的特点和价值，因此我们不妨将科学发现室活动看成一个"放大"了的区角活动。作为幼儿园科学教育的一种形式，区角活动具有以下特点：

1. 幼儿自主选择、自由组织

在区角活动中，幼儿可以完全按照自己的意愿参与活动。在教师提供的选择范围内，幼儿可以自主地决定活动的内容、活动的方式。在组织形式上，区角活动避免了集体式的、整齐划一的活动，也不采用教师指定的小组形式，而是幼儿按照自己的意愿自由组合，或是个别操作，或是组成临时性的学习小组。无论是在科学区还是在科学发现室，教师都会向幼儿提供多种活动材料，通常是选择相同活动材料的幼儿聚集在一起进行操作。和集体活动相比，区角活动是一种松散型的共同学习活动。

2. 以材料为中心确定学习目标和内容

区角活动不像集体活动那样，围绕一个教学目标，把全部幼儿集中于同样的活动内容中，而是将学习的目标和内容以活动材料的方式呈现给幼儿。教师常常同时为幼儿提供多种多样的活动材料，让幼儿自主选择。幼儿通过参与活动获取相关的学习经验，并以自己的方式向教师设定的学习目标迈进。与集体教学相比，区角活动不需要进行具体的活动过程设计，但是教师在设计和提供材料时要充分考虑这些材料可以使幼儿获取哪些学习经验。

3. 以个别化、操作性的学习与间接指导为主

在教与学的层面上，区角活动更强调个人体验式的学习，而非教导式的学习。区角活动的特点在于幼儿通常是以个别化操作的方式来学习的，而教师的指导也通常是一种间接的指导。也就是说，将教师的指导隐藏在活动材料的设计中，而较少通过直接的言语进行。教师设计的"有结构的材料"，对幼儿来说是一种无言的指导，它指引幼儿沿着教师预设的探究过程前进。但是，幼儿的探究又是高度个性化的，教师基本上不干预幼儿的操作，甚至还允许幼儿进行超越教师设计的操作。因此，它更接近幼儿的自发性科学学习。

总之，尽管区角活动具有不同于集体教学活动的一些特点，但是我们也要认识到，它和集体教学一样，是教师发起的有计划、有组织的学习活动，是将教师的"教"隐藏于幼儿自主的"学"之中的活动。

（三）区角活动的价值

作为一种特殊的学习活动形式，区角活动对幼儿的发展也具有独特的价值，主要表现在以下三个方面：

1. 促进幼儿的自主学习和整体发展

在区角活动中，幼儿可以真正成为"学习的主人"。由于教师给了幼儿较大的自由度，幼儿可以从自己的兴趣和需要出发，自己选择学习的内容，在自己的水平上，按照自己的方式来学习，总之幼儿可以实现对学习过程的自我控制。也正因如此，在区角中的学习活动不仅可以使幼儿获得相关的学习经验，还有利于幼儿提升自信心，提高自控力。它对发展幼儿完整人格的意义远远超过认知上的意义。

2. 展现幼儿的学习能力和学习过程

在集体教学活动中，教师针对的是幼儿的"无知"和"不足"，更强调教师的"教"。而区角活动则更强调通过个人的体验和经历来学习，它给了幼儿一个展现自己的学习能力和学习过程的机会。幼儿不仅能真正做到"在自己原

有的水平上获得发展"，还能在一个相对悠闲且不追求当前学习结果的探究过程中得到满足，从而享受到学习的乐趣。

3. 尊重幼儿的个别差异，张扬幼儿的个性

在区角活动中，幼儿的个别差异可以得到充分的尊重。一方面，教师在设计区角活动时，要从多方面考虑活动材料和内容是否适合幼儿学习，是否满足幼儿发展的层次性和差异性需要。另一方面，教师相信"幼儿最了解自己的需要"，因而把学习的自主权交给幼儿，从而保证幼儿的学习内容符合其真正的需要。在活动过程中，教师允许幼儿以自己的方式学习，承认不同幼儿的学习风格，这也保证幼儿能以最适合自己的方式来学习。区角活动能使每个幼儿都成为与众不同、富有个性的学习者。

二、幼儿园科学区角活动环境的创设

科学区角活动是幼儿园区角活动的主要组成部分，是指教师根据科学教育的目标以及幼儿的需要和兴趣，创设自然角、科学探索区或科学发现室等环境，幼儿按照自己的意愿参加活动，选择科学活动的方式、内容和材料，在科学操作探索中获得发展的自主性科学教育活动。

幼儿园科学区角活动环境主要包括心理环境和物质环境。其中，心理环境是开展科学区角活动的前提条件，因为只有在宽松和谐的气氛中，幼儿才能更好地自主探索。物质环境是基础条件，因为在区角活动中幼儿是通过操作物质材料来探究、学习科学的。区角活动的物质环境主要包括幼儿园各班级中的科学区（包括自然角、科探区等）和幼儿园的科学发现室。

（一）班级科学区的创设

1. 班级科学区心理环境的创设

科学区角活动是幼儿的自主性活动，要真正体现幼儿的自主性就必须创设良好的心理环境，使幼儿敢于、乐于参加科学区角活动，这是开展科学区角活动的前提条件。《纲要》指出："为幼儿的探究活动创造宽松的环境，让每个幼儿都有机会参与尝试，支持、鼓励他们大胆提出问题，发表不同的意见，学会

尊重别人的观点和经验。"这里明确了心理环境的创设要求。

《纲要》提到:"教师应成为幼儿学习活动的支持者、合作者、引导者""以关怀、接纳、尊重的态度与幼儿交往。耐心倾听,努力理解幼儿的想法与感受,支持、鼓励他们大胆探索与表达"。可见,创设良好的心理环境的关键在幼儿教师,教师需要关心、理解、尊重和信任幼儿,以及与幼儿之间保持融洽的关系。

（1）关心与关注

关心与关注幼儿是对教师的基本要求。在科学区角活动中,教师对幼儿的关心与关注表现为了解幼儿参与科学区角活动的频率,并给予幼儿目光或语言上的关注,让幼儿感受到教师的关心与关注。教师的关心与关注,不是命令、强迫或替代,而是与幼儿共同商讨,帮助幼儿通过操作,探索解决问题和矛盾的方法。在教师的关心与关注下,幼儿能充分体会到科学活动的价值,表现为更积极地活动和投入。而在活动区中经常被忽视的幼儿往往会表现为无所事事、打闹、故意扰乱或破坏等。

（2）理解与支持

在科学区角活动中,幼儿往往有许多不同于成人的奇思怪想和童真,这需要教师深入了解,明白幼儿的真实想法和认知水平,给予幼儿充分的理解与支持。例如:幼儿会用开水浇花儿,是因为怕花儿冻坏了;摘一枝花儿把它种起来,并每天给它浇水,是希望花儿能越开越好……这就需要教师及时与幼儿沟通,了解幼儿的想法,避免因为误解而伤害幼儿。同时,教师要为幼儿的探索活动提供条件。比如,发现幼儿用开水浇花儿时,就让幼儿同时用冷水浇另一盆花儿并观察两盆花的变化,让幼儿在实验中体会到自己所用方法的错误及其带来的后果,而不是按照成人的固定思维去训斥、责怪和制止幼儿。若幼儿在科学探索活动中时常受到教师的批评,其积极性则会逐渐消失,而且会学会猜测教师的要求或想法,其活动的主动性也会逐渐转变成被动性,即被动地"听"和"做"。

（3）尊重与鼓励

尊重是人际交往中最重要的原则,体现了人的尊严,以及人与人之间的平等。由于幼儿年龄较小,成人往往会忽视对其应有的尊重。在科学区角活动中,教师对幼儿的尊重可以表现为:尊重幼儿的选择,而不是横加干涉（除非某种选择危害到幼儿的身心健康）；蹲下来倾听幼儿的想法，而不是"高高在上"或随意打断；善于发现幼儿科学探索活动中的积极因素，多给予幼儿肯定和鼓励，而不是讥笑、挖苦甚至体罚。只有尊重、鼓励幼儿，幼儿在科学区角活动中才能敢于探索，乐于参加活动。

（4）信任与放手

信任是指相信幼儿具有良好的愿望和活动能力。在科学区角活动中，教师对幼儿的信任表现为：给每个幼儿操作和探索的机会，放手让幼儿独自操作和让幼儿通过自己的探索来寻求答案；给幼儿充分尝试错误的时间和空间，让幼儿在尝试中体验成功的喜悦；在幼儿需要时给予帮助，而不是代替幼儿活动。教师的信任与放手，能提高幼儿的自信心和能力，激发幼儿的想象力和创造力。

（5）自主交往，融洽幼儿间的关系

科学区角活动既是幼儿自主探索的活动，也是幼儿之间相互交流与合作的活动。科学区角活动的自主性不仅表现在探索过程中，还表现在交往和交流中。在科学区角活动中，幼儿往往会一边探索，一边与其他幼儿交流自己的想法和新的发现。

建立融洽的幼儿间的关系，促进幼儿间的自主交往，应注意以下事项：① 要给予幼儿交流的时间和自由。② 教会幼儿解决问题的方法，使幼儿学会与他人合作。例如：当幼儿需要使用其他幼儿正在操作的材料时，要学会与他人协商；当幼儿需要他人帮助时，请求的态度要诚恳；当小伙伴需要自己的帮助时要积极主动，耐心地帮助小伙伴；等等。③ 教师要对有礼貌、相互帮助的幼儿给予肯定，为幼儿提供学习合作的榜样，为科学区角活动的顺利开展营造良好的氛围。融洽的关系和自主的交往与交流，能使幼儿在探索活动中体验到探索的乐趣、学习的快乐和互助的愉悦，使幼儿乐于参与科学区角活动。

2. 班级科学区物质环境的创设

（1）自然角和科探区

科学区一般是指每个班级的自然角和科探区（角），也有班级将两个区合并在一起，统称为科学区（角）。

① 自然角。自然角是指在幼儿园班级活动室或教室内向阳的角落、窗台、走廊、阳台，安放一些适合在室内生长的动植物、师生共同收集的自然物品及手工作品的场所。自然角是一个属于幼儿的微型自然界，有利于幼儿更直接地

了解和探究自然界的物质，激发幼儿对自然界的热爱和兴趣，在照顾和管理动植物的过程中培养幼儿的爱心和责任感。自然角在科学区角活动中起着重要的作用，是幼儿学习和探究自然科学最直接的场所。

②科探区。科探区是指在幼儿园班级活动室中利用柜子或桌椅隔出的一个相对独立的小空间，专门放置一些供幼儿操作、探究的科学材料，是供幼儿开展科学区角活动的主要场所。科探区对幼儿来说就是一个小型的科学实验室，为幼儿独立、自主地探索活动提供了机会，有利于激发幼儿探索的欲望和兴趣；使幼儿通过亲身体验，获得科学经验和知识，有利于培养幼儿的动手操作能力和创造力。

（2）科学区物质材料创设的原则

①目标性与计划性。目标性是指科学区物质材料的创设要考虑科学教育的总目标与各个年龄班幼儿的发展目标和水平。科学区中每种材料的结构、功能和操作方式都隐含着一定的科学教育目标，教师要根据科学教育目标提供相应的科学材料。例如，提供各种磁铁是为了让幼儿了解磁铁的共同特性，提供纸片、塑料垫板、木片、树叶、回形针是为了让幼儿探索其特性，提供装上磁铁的动物卡片是为了增加科学教育活动趣味性，使活动内容符合幼儿的认知发展水平等。

计划性是指根据目标有计划地投放材料，即依据科学教育活动的学年计划、学期计划或月计划，配合集体科学活动的主题，确定区角活动材料投放的种类和数量，同时对投放的材料和幼儿使用材料的情况进行记录观察，根据观察记录增减或更换材料，为下一次的活动做好准备。

②探索操作性。探索操作性是指投放的材料是可供幼儿自由选择、反复动手操作的。幼儿在动手操作、探索等与环境的直接相互作用中感知和认识世界；在操作探索中主动寻求答案和解决问题的方式方法，学会独立思考；在操作探索中体现自身的价值和体验成功，激发学习科学的兴趣。一般半成品和原材料是最具探索性的材料，有利于幼儿自由想象和创造性地使用材料。例如，在"物体的沉浮"中可投放的材料有：木质材料、塑料玩具、泡沫、海绵、乒乓球、玻璃球、石子、曲别针、铁片、纸张、橡皮泥、空的塑料瓶等原材料和半成品，以及装有水的水盆、记录表等。

③层次性。层次性是指科学区材料的投放要满足不同层次水平幼儿的探

索需要，并根据这些需要由浅入深、从少到多的逐渐丰富材料。层次性有两方面的内涵：一是同一主题的科学材料能满足本班中不同能力、不同操作水平、不同兴趣爱好的幼儿的需要。在活动中，幼儿可以根据自己的水平和爱好，选择难易程度不同的材料和不同的操作方法。二是材料的投放是一个由易到难、循序渐进的过程，即教师应分解科学教育活动的目标，设计相应的系列化材料，从投放的先后顺序上体现材料的层次性。

例如，以"有趣的吹泡泡"为主题的科学区，可投放四个层次的材料：第一层次的材料是清水、自制的泡泡水和吸管。通过操作这些材料，幼儿可以学会区分清水和泡泡水的不同，学会用吸管吹泡泡的各种方式——放在泡泡水中吹、吸管蘸一下泡泡水吹、蘸一点儿泡泡水在桌子上吹，等等。第二层次的材料是各种粗细、长短、质地不同的工具（铅网、纱网等），让幼儿通过比较分析用不同的工具吹出的泡泡的区别。第三层次的材料是各种制作吹泡泡的工具的材料，如铁丝、棉线、自然材料的吸管（如稻秆）、树叶、树枝等，使幼儿了解制作吹泡泡的工具的条件。第四层次的材料是洗涤用品，如洗衣粉、小勺子、水、有刻度的透明容器、杯子、搅拌棍、记录表等，让幼儿探究泡泡水的配制方法，观察泡泡水浓度对泡泡的影响，并进行简单的记录。

四个层次的材料需分阶段投放，而且一种材料要有多种玩法，能够满足不同发展水平的幼儿的需求。如果只投放同一层次的材料，只考虑大多数幼儿的发展水平，就会阻碍一部分能力较强的幼儿的发展。而如果同时投放四个层次的材料，也会阻碍幼儿一步步深入了解相关知识和影响探索的充分性，不利于幼儿发展。

④ 趣味性。趣味性是指科学区提供的材料是幼儿感兴趣的、能激发幼儿操作和探索欲望的材料，以直观形象的教具和物质材料为主。要使科学区的材料具有趣味性，应注意三点：一是材料的新颖性。科学区的材料要根据教育的目标、计划和主题、幼儿的参与积极性定期进行增减或更换，新鲜材料的不断出现是激发幼儿探索欲望最有效的方法。对幼儿不会玩的材料，可增加一些玩法指示图或教师的示范等材料。二是材料的充足性。参与科学区活动的幼儿每人都要有一份材料，幼儿可以根据自己的水平和兴趣自由选择材料。三是材料操作方法的多样性。幼儿可以按自己的想法用不同的方法进行操作。

⑤ 安全性。安全性是指科学区的物质材料是卫生、无毒、无味的，物品

的摆放是符合要求的，空间布局是合理的。购买的成品材料（如放大镜、万花筒、天平等）要符合卫生安全要求，自制的半成品要经过清洁消毒，收集的自然材料要经过整理和清洁等，以保证幼儿的安全。同时，对于科学探索工具或器材，在投放前要教给幼儿正确使用的方法或步骤，合理的操作既能保证幼儿的安全，又能促使幼儿顺利开展科学探索活动。另外，幼儿进入科学区活动前，教师要对其进行安全教育，要求幼儿严格按照规则进行活动。

⑥参与性。参与性是让幼儿及其家长参与科学区物质材料的创设，包括材料的收集或生活废旧用品的提供、材料的制作、材料的保管和整理、材料的清洁等。参与材料的创设活动有利于培养幼儿的主人翁意识、责任感和能动性，以及培养幼儿的动手操作能力和学习科学的兴趣。

（二）科学发现室的创设

科学发现室又称"科学探索室""科学活动室""科学启蒙室"，是幼儿园设立的专门供全园幼儿进行科学探索活动的场所，是幼儿园的主要科学教育资源。

1. 科学发现室的内容设置

科学发现室物质环境的创设原则与班级科学区的创设原则基本一致，具体的活动材料包括以下三个方面：

（1）阅读观察类材料

①标本：各种动物和植物标本，可以购买和自制，陈列于活动室四周的橱窗中或书架上。

②模型：人体及其各部分的结构模型（如牙齿、消化器官等），动植物及其结构模型，地球仪，各种科技产品的模型（如火车、火箭等）。如果是可以拆装的模型，就摆放在桌面上，便于幼儿观察和操作。

③科学画册、图片、照片等，如各种科学读物、科学宣传画、科学挂图（如各种动植物及其生长过程的图示）、科学家画像、各种科学图片和图表等，一般粘贴在墙上或摆放于阅读区供幼儿自由翻阅。

（2）科学探究操作材料

科学探究操作材料主要是指物理、化学等领域符合幼儿认知操作水平的材料，主要包括以下九种。

①水：水盆或水槽、吸管、泡泡水、喷枪、小水车、量杯、杯子、洗涤液、盐和糖、酒精灯、冰块、其他各种能沉浮的小物品等有利于幼儿了解水的特性的各种材料。

②空气和风：透明塑料袋、玻璃杯、气球、打气筒、扇子、风车、纸飞机、蜡烛、吸管、水盆等，用以了解空气的作用、性质、成分和风的形成的材料。

③声音：各种打击乐器、小纸偶、纸盒、易拉罐、瓶子、沙子、小石子、豆子、纸杯、橡皮筋、绳子、各种发声玩具等，用以了解声音的产生、传递等特性的材料。

④光和影：平面镜、凹凸透镜、三棱镜、放大镜、手电筒、台灯、各种颜色的纸、彩色塑料片、各色玻璃纸、颜料和调色盘、手偶玩具等，用以了解光的特性和影子的材料。

⑤电与磁：各种电池、电线、小灯泡、手电筒、小电风扇等家电，以及电动玩具等用以探索电路、电的产生及作用的材料；塑料棒、玻璃棒、皮毛、丝绸、纸屑、木屑等用以了解摩擦生电的材料；各种形状和大小的磁铁及其磁化和非磁化材料、指南针等。

⑥热和温度：蜡烛、酒精灯、小铁板或铁棒、小勺子、温度计、玻璃杯、水杯、水等，用以感知热能、温度的材料。

⑦运动和力：斜面板、光滑程度不一的布料和毛巾、小汽车、皮球、积木、乒乓球、滑轮、天平、弹簧秤、筷子、各种夹子、陀螺、弹性玩具等，用以探索力的特性、作用以及力与运动的关系等。

⑧化学现象：用以了解探索溶解、混合、分解、析出等化学性质的各种材料。

⑨自然材料：沙与石子，各种岩石，植物的各个组成部分，如根、茎、叶、花、种子、果实等，贝壳，动物的羽毛和骨骼等，用以了解自然界事物的材料。

（3）科学工具及辅助材料

科学工具及辅助材料是有助于幼儿进行科学探索的辅助性工具或器材，如小刀、剪刀（圆头）、锤子、钳子、螺丝刀、镊子、夹子、铲子、各类尺子、钟表、温度计、天平秤、弹簧秤、勺子、量杯、各种线绳、纸张、胶水、透明胶带、橡皮泥等。

2.科学发现室的管理

科学发现室是全园幼儿进行科学探索活动的场所，不是科学物品材料的陈列室,教师应有计划地组织科学教育活动,使幼儿能经常进入科学发现室活动。要充分发挥科学发现室的作用,日常的管理是必不可少的。幼儿园可安排专人负责管理科学发现室,负责人可以是专职人员,也可以由科学教育经验丰富的教师兼任。科学发现室的日常管理工作主要包括以下三个方面:

（1）科学规划,合理布局

科学发现室的内容设置要经过科学规划,确定每个阶段（以月份、学期为单位）的目标和应投放的内容材料,可以是每个月一个主题,也可以是多个主题同时开设。科学发现室的活动多以幼儿的个别活动或小组活动为主,因此要科学规划、合理布局。科学发现室可分为不同的区角,各种材料要分类分区摆放,避免环境混乱或幼儿间相互干扰的不良局面。例如,以"水"为主题的发现室的布局可分为玩水区（吹泡泡和水车转动等）、实验操作区（水的三态实验和沉浮实验）、观看阅读区等;也可以设置多个同一类型的区角。每个区角限定幼儿人数,幼儿人数以空间的大小和材料的数量多少为依据,一般是3～8人。

布局科学发现室时应注意:① 各区的布局要动静结合、分区合理。如阅读区与安静操作的区角要临近安排;各区之间以桌椅和柜子分隔,以减少干扰。② 幼儿桌面的操作探索空间要充足,能够摆放下主题材料。③ 设置一些储物箱,分类收集各种零碎的材料,供幼儿自由挑选和使用。

（2）统筹安排好全园各班幼儿的入室活动

统筹安排各班幼儿进入科学发现室的时间,一般以周为单位,各班每周或每两周进入发现室的频率为1～2次。幼儿园应制作各班活动时间表,并张贴于活动室门口。负责人或每班的带班教师在幼儿入室活动前,还应该根据本班的具体情况对发现室的内容材料进行适当的调整,以适应本班幼儿的学习目标和水平。每班的带班教师或发现室负责人在入室活动过程中或结束后,应填写观察记录表格,记录该班入室幼儿人数、参与的区角活动及其人数、幼儿活动的情况、材料的使用情况、建议等,为下一次活动提供参考。记录表由科学发现室负责人统一管理,并作为更换内容材料的依据。

（3）经常性整理、清洁和检查修复

对科学发现室的材料,应该经常性地进行整理、清洁和检查修复,以保证幼儿的安全和健康。幼儿在自由操作探索时,难免会弄乱、弄脏、损坏科学发现室的材料,因此教师和负责管理科学发现室的人员要做好以下工作:① 教师应要求每个幼儿在离开科学发现室之前摆放好各自操作的材料，对材料进行简单的整理或归位。这有利于培养幼儿良好的卫生行为习惯和责任感。②负责人员在幼儿离开后或下一批幼儿入室前，要对发现室的环境和材料进行整理和清洁，以保证环境和材料的整洁。③负责人员要定期检查各类材料，对损坏的材料进行修复或更换，以免伤到幼儿。

三、幼儿园科学区角活动的实施

（一）科学区角活动规则的建立与实施

科学区角活动是开放自主的活动，幼儿在活动中可以自由选择所要操作、探索的内容和方式，但这种自由并不意味着幼儿可以随意丢放材料、大声说话。要使科学区角活动顺利开展并有所成效，必须有一定的活动规则，以组织、约束、调整幼儿的活动行为。科学区角活动通过活动规则约束幼儿的行为、规范活动的程序（选区—进区—活动—收区），使幼儿知道什么时候做什么事情、怎样做、哪些事情能做、哪些事情不应该做。明确规则能使幼儿的活动更加自主和有序。活动规则是科学区角活动顺利开展的前提和保证。

1. 科学区角活动规则的建立

（1）科学区角活动规则的内容

按照科学区角活动的程序，活动规则可以分为三个部分。

①选区、进区规则。科学区角活动是幼儿自主选择的活动，幼儿可以选择是否进入科学区角活动，或在科学发现室中选择一两种科学区进行活动。幼儿不能完全凭自己的喜欢和意愿进行活动，因为每个区域活动均有人数限制，而且大部分幼儿都喜欢有趣的区域，但不能一窝蜂地进入同一个区域，这就需要制定一个选区和入区的规则。规则可以包括：限定每个区域的入区人数，在入区口标出，并在入区口设置相应数目的插卡袋，当插卡袋装满时，幼儿不能再进入该区域。同时限定有几个人就摆放几张椅子，使幼儿清楚地知道本区域的活动人数是否已满。每个幼儿都有一个区域活动卡，入区时把卡插入卡袋，离区时在区域活动卡上盖一个区章。区章可用不同的卡通小印章表示。盖有不同区章的区域卡有利于教师了解幼儿选区的情况及其兴趣爱好等。每次活动只能

选择 1～2 个区域。

② 活动中的言行规则。在科学区角活动中规范幼儿的言行是为了创设一个安全、宽松的活动环境，言行规则主要包括以下方面：在使用材料时要求"轻拿轻放，用完后归位"等，让幼儿学会爱护材料；在区域中与同伴交流时要求"低声细语"，避免大声喧哗、干扰他人；当需要他人的材料时要懂得协商与合作等。教师可以在科学区角的墙面上、桌面上、地板上粘贴或画一些图标，提醒幼儿规范言行举止。

③ 收区规则。收区规则是为了让幼儿学会约束自己和对自己的行为负责。主要包括：听懂收区的信号，在收区时，教师用音乐或铃声发出第一次收区信号，幼儿听到信号时要马上停止活动；听到收区信号后，幼儿要整理活动材料和收拾好本区空间；2～5 分钟后，教师发出第二次收区信号，幼儿离开本区域并集合；如果幼儿没完成活动内容，可以把卡留在本区，等下次活动时继续完成。

对于科学区角活动规则的具体内容，各班教师可以根据实际情况灵活设定，以上内容仅供参考。

（2）规则的制定

① 规则制定是一个循序渐进、不断完善的过程。对于幼儿来说，对规则的理解、领会和执行是一个渐进的学习过程。因此，规则的制定也是一个由少到多、由简到繁的过程。对于刚接触区域活动的小班幼儿来说，制定 1～3 条最基本的规则即可，如选区、收区的规则等，而且要用幼儿能理解的词汇说明，图文并茂地表现出来，张贴在区域中，随时提醒幼儿。例如，用"小心跌倒"图示提醒幼儿操作时端稳器具。同时，也可以通过示范模仿等方法让幼儿学习规则。根据幼儿活动的具体问题和情况不断提出新规则，这既能完善活动规则，又能考虑到幼儿的实际需要。当已制定的规则不适合幼儿的发展需要时，要进行修改和调整；当区域活动结束而幼儿未完成作品时，可允许幼儿保留没完成的作品，而不是催促幼儿进行材料整理和归位。教师要意识到规则是为了保证幼儿活动的顺利开展而制定的，当规则不能满足幼儿进一步活动的需要的时候，就要及时调整规则，这也体现了教师对幼儿的尊重与理解。

② 幼儿参与规则的制定。科学区角活动是幼儿的自主活动，幼儿有权利参与活动规则的制定。幼儿参与规则的制定既体现了幼儿的自主性，又蕴含了教

育意义。在这个过程中，幼儿能够学会表达自己的想法和建议，学会与他人协商，而且幼儿更乐意执行自己制定的规则，有利于将规则内化为幼儿自觉的行为习惯。

幼儿参与规则的制定具体表现在：教师在开展活动前期，要利用专门的时间，把要求幼儿遵守的相关规则转变成问题情境，让幼儿商讨怎样做才能顺利开展活动，然后把幼儿商讨的合理结论制定为规则。这种方法能把教师要求的规则转变为幼儿自己的规则，使幼儿乐于接受和执行。当幼儿发现或感觉活动中存在某些问题时（如争抢活动材料、其他幼儿干扰自己活动、想玩的区域人数已满等），教师可以在活动结束后的评价环节中提出这些问题，让幼儿讨论，协商并提出解决问题的方法，然后制定规则；对通过协商制定好的规则，教师可以让幼儿用图画、标记或文字设计出来，然后选出公认的规则图张贴于科学活动区内，以提醒幼儿遵守。

2. 科学区角活动规则的实施

幼儿的理解水平相对较低，自觉性和自我控制能力相对较差，要使活动规则有效地实施，就需要教师在区角活动的整个过程中坚持不懈地提醒、监督和强化。

（1）活动前的要求与提醒

活动规则不是教师告知一次，幼儿就能记住的，幼儿不是这次记住了下次就不会忘记，也不是一个幼儿记住了，所有的幼儿就都记住了。让每个幼儿知道和记住规则需要时间。所以，教师在每次科学区角活动前都要提醒幼儿应该遵守的规则。对于大部分幼儿已经习惯的日常规则，可以通过问答的方式让幼儿一起来说；对于还没被所有幼儿遵守的规则，特别是上一次活动中存在的问题，可以通过讨论或示范等方式重申，或让经常违反规则的幼儿来模仿演练"什么时候该怎样"；对于新的规则，教师要郑重其事地提出并示范，给幼儿留下比较深的印象。

活动前的规则的提出方式可以是问答式、情境演示式、讨论式、图画讲解式等。教师可根据需要选择不同的方式，使规则具体、合理，符合幼儿的特点，易于幼儿理解和记忆。

活动前的要求与提醒时间不应过长，一般为 1～3 分钟；如果需要，可以利用集体教育活动时间进行专门的规则教育。

（2）活动过程中的监督

规则在活动实践中内化，逐渐成为幼儿的良好行为习惯。规则刚开始实施时，总有一部分幼儿不能很好地遵守。教师对待违纪的幼儿要宽容。为了使规则得到更好的实施，在幼儿活动的过程中，教师要进行全程观察和监督。当幼儿首次违纪时，教师要及时给予提醒，如用语言、动作、表情提醒幼儿，使幼儿意识到自己的言行违反了规则；当幼儿在教师或同伴的提醒下及时改正了错误时，教师要第一时间给予语言或表情上的鼓励和表扬，如摸一摸他的头，投以赞许的目光，或竖起大拇指，在他额头上贴个小五角星等；当幼儿的言行危害到他人时，要马上予以制止，暂时停止他的活动或进行隔离，让他冷静并意识到自己的错误后再活动。

（3）活动后的评价强化

教师在活动结束时要对幼儿遵守规则的情况进行全面的评价，使幼儿了解自己和同伴在活动中的情况，以进一步提高幼儿的规则意识和活动的积极性。规则评价包括：① 对遵守规则的幼儿给予肯定和表扬，以及一定的奖励；② 对活动中的违纪现象提出批评，要注意不要直接批评违纪的幼儿，而应当就事论事；③ 讨论"当同伴违纪时怎样给予帮助"，培养幼儿的集体意识和助人意识；④ 对经常违纪的幼儿，在活动结束后，可通过个别教育的方式给予帮助，如找出其违纪的原因，教给他适合他的改正错误的方法，并在日常生活中经常性地给予他帮助和鼓励。

（二）科学区角活动过程的指导

科学区角活动中幼儿的自主性决定了教师指导的间接性。在科学区角活动中，教师是幼儿活动的支持者、合作者、引导者。同时，《纲要》也指出教师应该"关注幼儿在活动中的表现和反应，敏感地察觉他们的需要，及时以适当的方式应答，形成合作探究式的师生互动"。教师在科学区角活动过程中的指导表现为通过观察，记录和了解幼儿的需要，并以适当的方法帮助幼儿完成科学探索活动。

1. 观察与记录方面

科学区角活动中的观察记录包括教师的观察记录和幼儿的观察记录。教师的观察记录是为了了解幼儿的活动和投放材料的使用情况，以便更好地指导幼儿开展活动，为下次活动提供参考。幼儿的观察记录是对自身科学探索活动过程和结果的观察记录，有利于培养幼儿参与科学探索的积极性、认真负责的态度和求实的科学精神，帮助幼儿积累科学经验，形成科学概念，掌握科学的观察方法和能力。幼儿观察记录能力的培养需要教师的具体指导。

（1）教师的观察记录

① 制作观察记录表。观察记录表有利于记录活动信息、收集资料和总结经验，使教师的观察活动更加系统全面和富有计划性。有些幼儿园有专门的区域活动观察记录表供教师使用，并作为评价、考核教师工作的主要依据。观察记录表一般包括以下内容：班级、时间、观察者、观察的科学区角及内容、区域材料的投放和使用情况、入区幼儿人数、观察对象及其活动情况、活动现象、教师的介入指导、分析评价、改进措施等。也可以分为不同类型的记录表格，如对某一区域材料使用情况的观察记录表、对某一科学区角活动情况的记录表、对个别幼儿活动情况的记录表、对全班幼儿入区情况的记录表等。教师可以根据需要自行制作表格。

② 全面观察与个别观察相结合。在幼儿活动过程中，教师既要掌控全局，使所有活动顺利开展，又要关注个别幼儿，根据幼儿的需要给予帮助。这就需要教师眼观六路、耳听八方，对各个区域的幼儿进行全面观察。当幼儿已经专注于自己的活动时，教师就转向计划中要观察的内容和对象，进行个别观察。全面观察和个别观察不断转换，相互结合。

全面观察的内容包括：幼儿的入区情况（每个区域有哪几个幼儿）、各区幼儿存在的主要问题或矛盾等。个别观察的内容包括：一是对个别幼儿的观察，包括幼儿所在的区域、活动的主题内容、所用的材料、对材料的使用和创新情况、遇到的问题、解决问题的情况、活动持续的时间、活动的兴趣点、活动中的语言、与教师和同伴的交往情况等。二是对某科学活动区的观察，包括幼儿对本区域主题和材料的喜欢程度、幼儿开展的主题活动、活动的进展、幼儿使用材料的方式方法、使用的频率、材料的数量和种类是否满足幼儿的需要，等等。

在科学区角活动中，教师对"观察什么""达到什么观察目标"要有一个计划，否则在活动中东瞧瞧、西看看或忙着处理幼儿的矛盾和问题等，都不利于活动的进一步开展。观察计划包括两个方面：一是观察幼儿的计划。本次活动观察哪几个幼儿（每次活动观察 3 ~ 5 个幼儿，在两周内确保对每个幼儿都进行一次观察），或对某个幼儿进行跟踪观察，以了解幼儿的活动行为方式、兴趣、爱好、能力等个性特征及其发展变化等。二是确定要观察的科学区角。由于精力和时间有限，教师往往会确定要观察的区域，个别观察的对象就是在本区域活动的幼儿。对其他区域和幼儿，教师需要根据活动的具体情况进行全面观察。而且区域活动带有许多不确定的因素，教师应根据实际情况灵活调整观察计划。

③ 做好记录，及时分析与反思。教师可以根据做好的观察记录表和观察计划，在活动中有条不紊地边观察边记录，同时对幼儿进行适当的指导。对于观察记录，教师应在当天及时整理和补充完整，全面把握活动的进展等情况，分析活动存在的问题并提出改进措施，为下一次活动的开展做好准备和计划。

（2）幼儿观察记录的指导

幼儿在科学活动中有表达和传递其获得的信息的需要，如幼儿自己在活动中的感受与体验，在科学探索活动中的发现或结果，对同伴活动的质疑或评价等各种信息。幼儿除了通过言语、动作、表情等传递信息外，还可以用图像记录其活动收获。幼儿的观察记录即图像记录，是指幼儿在对周围环境进行观察后，用不同的方式（如数字、表格、绘画等）记录下他们的发现、认识及感受与体验。图像记录包括：动植物生长记录、四季特征记录、参观旅游记录、实验结果记录等。图像记录能使幼儿获得的科学知识更加清晰和深刻，提高幼儿参与科学活动的兴趣和观察能力，为教师进一步开展科学区角活动和了解幼儿提供依据。

幼儿的观察记录过程也是学习过程，其观察记录能力的提升离不开教师的有目的的指导。教师对幼儿观察记录的指导具体包括以下四个方面：

① 为幼儿提供观察记录的条件。在科学区角活动中为幼儿提供观察记录的纸张或观察记录所需的表格、画笔、胶水、小印章等记录工具。观察记录表可以事先由教师和幼儿共同制作，然后投放到科学区角，幼儿直接把观察结果记录其中。也可以只提供纸张，然后要求幼儿根据自己的喜好设计和填写表格，凸显幼儿的创造性和个性。

② 指导幼儿在仔细观察的基础上记录。科学区角活动为幼儿提供了丰富的客观事物和操作材料，幼儿的记录是指在对这些事物和材料进行观察和操作

后,把看到的结果和过程实事求是地记录下来。如在自然角里观察"种子发芽"的过程中,教师可以要求幼儿坚持定期(如每天)观察,然后把种子变化的过程记录下来。又如在科学区里探索"沉浮现象"时,教师可以要求幼儿把各种材料投放在水中,然后把沉和浮的材料分别记录下来。观察记录能促使幼儿更加主动地观察和探索。

③ 指导幼儿采用多种方式方法记录。教师要在活动中指导幼儿学习记录的方式方法。幼儿观察记录的方式有:绘画(漫画式和写实式等)、写数字符号、盖印章、粘贴实物或标记等。如有需要,教师可以在幼儿的记录图中加上简短的文字说明。如果幼儿需要,教师则给予示范,同时告知幼儿需要记录的内容和怎样记录,如每次记录要写下时间、把活动过程按顺序进行编号、要记下最后的结果等。这类需要观察记录的活动需要幼儿有一定的绘画和观察水平,一般适宜在中班、大班开展。

④ 评价并展览幼儿的观察记录。对于幼儿的观察记录,教师要在活动中及时给予肯定性评价,同时引导幼儿互相观看彼此的记录方式和结果,交流各自的记录方法和探索过程、结果,提高记录水平。在活动结束时,教师要针对幼儿的观察记录给予相应的评价和奖励,并把他们的记录粘贴在相应的活动区内,供幼儿参观和学习。

2. 适当的间接指导

在科学区角活动过程中,教师的介入指导不像在集体科学教育活动中那样直接引领整个活动过程,而是通过观察了解幼儿的活动进展及需要,根据需要为其提供活动的材料,或通过暗示提醒等方法进行间接指导。间接指导是指教师不直接干预幼儿活动,而是通过适当的方式方法激励幼儿主动思考、积极发现和探索,让幼儿自己寻求答案和解决问题。适当的间接指导要求教师找准指导的时机和掌握间接指导的方法。

(1)指导的时机

① 当活动导入时。活动导入是科学区角活动的首要环节,不能省略而直接让幼儿进区活动。导入时的指导能激发幼儿参与活动的积极性和主动性,使幼儿的活动更有计划和成效。导入指导主要包括:对活动规则的要求或对存在问题的提醒;对上一次活动经验的概括;对新投放材料的介绍,一般只介绍名称,但对复杂材料可以给予一定的示范,让幼儿了解新材料的结构和操作方法,使

幼儿对新材料产生兴趣，敢于使用新材料。

②当幼儿遇到困难时。幼儿在科学探索活动中可能会遇到各种困难，如由于材料操作上的错误而活动受阻、找不到适合的材料等，这时幼儿会表现出以下几种情况：一是继续尝试，二是与同伴探讨或学习，三是向教师求助，四是停止本次活动。对于前两种情况，教师应继续耐心观察，而不急于介入指导；对于后两种情况，教师就必须及时给予帮助，否则不仅会使幼儿放弃探索活动，还会使幼儿因自信心受到打击而降低探索的意愿和兴趣。

③当活动发生纠纷或出现不安全因素时。在自主的科学探索活动中，幼儿会因为同时想要同一材料而发生争夺材料的现象；会因为在操作中意见不一致而发生争吵；会为了帮助同伴强行替其操作而引起对方的不满；会故意干扰同伴的活动等。诸如此类的纠纷需要教师及时阻止，否则可能会发生危险或影响整个区域的活动。另外，当活动中投放了有可能引起不安全事件的材料（如酒精灯、刀具、剪刀、锤子、钉子等）的时候，教师尤其要关注幼儿的操作方法或动作是否正确。当幼儿出现操作错误时，教师应及时提醒幼儿并给予示范，防止危险的发生。

（2）间接指导的方法

①环境材料暗示法。环境材料暗示法是指通过环境布置指引幼儿的操作探索活动，同时教师通过观察及时提供适当的材料，促进幼儿开展相关活动。环境的布置和材料的提供都对幼儿起着隐性指导的作用。在环境的布置上，教师可以把科学区角的主题内容或新材料的操作以方法图示、照片等形式粘贴在墙面上、桌面上，供幼儿随时参考。如张贴酒精灯、锤子等工具的使用方法，提醒幼儿正确使用，避免不安全事件。又如，在以"泡泡水"为主题的科学活动中，可以张贴自制泡泡水的步骤图。这是对幼儿无声的指导，能够促使幼儿学会通过自己的观察、阅读到的步骤去实践，激发幼儿的主动性。

对于幼儿活动过程中需要的材料，教师要在观察的基础上予以发现和满足。如在"装电筒"的活动中，某幼儿尝试了几次总不成功，正打算放弃时，教师可以给他提供一个完整的手电筒让他观察。

②合作伙伴参与法。合作伙伴参与法是指教师以幼儿伙伴的身份参与活动，与幼儿共同完成科学探索活动。对幼儿兴趣消失或停止活动时，教师作为玩伴加入幼儿，一起活动，这样能激起幼儿继续活动的兴趣，为幼儿的继续

活动起示范和启发作用。具体表现为：一是当幼儿对新材料不知所措或乱玩儿时，教师加入幼儿活动，对幼儿正确操作材料起到榜样示范的作用。如在"磁铁"活动中，幼儿不知碎纸屑的用途而撒着玩儿，这时教师以玩伴的身份参与活动，把碎纸屑放在硬纸板上，把磁铁放在硬纸板上并拖动磁铁。幼儿会惊奇地发现磁铁隔着硬纸板带动碎纸屑移动，也会马上跟着玩起来。二是当幼儿无法用已有的经验解决问题时，教师可以通过自己参与活动的方式为幼儿提供解决问题的相关办法。三是当幼儿失去活动兴趣时，教师可以通过自己的操作，为幼儿活动加入新思路、新的操作方法，引起幼儿的注意和质疑，促使幼儿继续深入参与科学活动。例如，在"橡皮泥浮起来"的活动中，教师以同伴的身份参与活动，把一张纸折成船形使之浮起来，幼儿从中得到启发，把橡皮泥捏成中空的碗状，使其也能在水中浮起来。

③ 沟通提示法。沟通提示法是指教师通过语言或非语言的方式了解幼儿的需要或想法，以问题或语言提示的方式启发幼儿，让幼儿自己思考和解决问题，推进活动。此方法在各种时机都适用。具体的方法步骤是：第一，了解幼儿的问题或想法，教师要倾听幼儿的问题和想法；第二，帮助幼儿提出关键问题，通过问题启发幼儿思考，提示解决问题的方向，注意不要把知识和方法直接教给幼儿；第三，让关注此问题的本区幼儿共同讨论解决问题的方法；第四，让幼儿实施方法，解决问题。在这个过程中，教师应不时地运用语言或非语言的形式，如眼神、手势、点头、微笑等，给幼儿以鼓励和支持，激励幼儿自主解决问题。

另外，幼儿与同伴的交流和共同操作探索也能促进活动的顺利开展。教师在幼儿活动遇到困难时，可提醒幼儿与同伴商量讨论、合作探索，鼓励幼儿之间相互指教，让幼儿体验与同伴互动的乐趣。

（三）科学区角活动结束时的整理与评价

1. 科学区角的整理

活动结束时的整理是指幼儿对科学操作探索过程中使用的材料进行分类摆放、归位和对本区环境进行清洁。活动结束时的整理有利于培养幼儿做事认真负责的态度和习惯，加深幼儿对科学材料和环境的认识。

（1）给幼儿提供整理的时间和工具

整理的时间一般是 1 ～ 5 分钟，特殊情况下可以延长。在这一环节中，教师应要求幼儿听到收区信号或音乐时，马上停止活动，开始整理。整理的工具包括清洁用的扫帚、抹布、洗涤剂，材料分类用的盒子、箱子、托盘、橡皮筋等。

（2）指导幼儿整理的方法

整理的方法：一是指导幼儿有序地整理，先材料后环境，先整理桌椅后整理和清洁地板等；二是指导幼儿学会使用清洁工具和材料；三是指导幼儿对使用过的材料进行归类，从哪里拿来的材料就放回哪里等；四是指导幼儿学会对一些特殊科学材料进行整理，如磁铁，要把不同形状的磁铁分开，用不同的方式摆放，如将两块条形磁铁倒着放在盒子里，两边再放两块小铁片等。

（3）对科学制作类或未完成的活动，应允许幼儿不整理材料

幼儿在科学制作中的作品可以保留，用于讲评和展览，以满足幼儿的成就感。对未完成的活动材料或半成品，如果想在下一次活动中继续做，幼儿可以留下自己的区域卡，不用整理材料。

2. 区角活动的评价

科学区角活动结束时的评价是指教师组织幼儿分享科学活动的收获、体会，交流存在的问题，以提升幼儿科学经验的评价效果。科学区角活动结束时的评价不仅是教师对幼儿的点评，也是幼儿自主评价的重要组成部分。科学区角活动评价以鼓励为主，重在为幼儿提供经验分享的机会，并帮助幼儿解决活动中存在的问题。

（1）评价的内容

科学区角活动的评价内容应该以幼儿活动过程中的具体表现和收获、体会为主。主要包括以下几个方面：一是对幼儿遵守活动规则的情况的评价；二是对科学操作探索活动情况的评价，即幼儿对材料的使用情况、操作探索中对困难的解决情况等；三是对活动过程中非智力因素的评价，即幼儿参与活动的态度是否积极、认真，持续时间的长久，与其他幼儿的合作情况等；四是对活动结果或作品的评价，即幼儿独立完成本次探索活动的情况、完成的作品或观察记录的情况等。每次活动结束时的评价内容不一定面面俱到，可以根据活动的具体情况和活动的目标侧重某方面的评价。

（2）评价的方式

① 幼儿交流讨论式评价。幼儿交流讨论式评价是指教师创造一个宽松和谐的环境，为幼儿提供交流的时间和机会，鼓励幼儿交流活动中的收获和体会，讨论活动中遇到的问题和矛盾。具体的步骤是：首先，教师提出幼儿交流讨论的问题或提示幼儿活动中遇到的问题，如"活动中都有什么收获""在本次活动中做了什么，怎样做的""活动中有什么发现，或看见了什么现象""活动中遇到了什么困难，怎样解决的"。其次，教师要安排几分钟时间让幼儿自由交流或讨论。再次，请活动中有特别体验的幼儿与全体幼儿分享他的经验，或者请幼儿说出解决问题的方法。最后，教师应对幼儿的活动和交流给予鼓励和肯定，并给表现好的幼儿一定的物质奖励。此评价方式重视幼儿的自评和他评，有利于幼儿形成科学的经验和概念，能够发展幼儿的分析评价能力、语言能力、交流能力等。

② 成果评比展示式评价。科学区角活动的成果主要是幼儿活动中的观察记录，以及自然材料小制作（树叶或各种种子的拼画）和科学小制作（如小风车、平衡玩具、闭合电路）等。成果评比展示式评价是指在活动结束时，让幼儿介绍自己的活动成果，然后把成果集中摆放在一起，让幼儿一起欣赏与评价。此方式能促使幼儿体会到成功的愉悦，提高幼儿对科学的兴趣，并使幼儿学会欣赏他人的成果。同时，教师应注意激发未能展示成果的幼儿进行下一次科学探索的欲望。

③ 教师总结点评式评价。教师总结点评式评价是指教师以观察记录为依据，对本次活动的各方面情况进行概括性的评价和对个别幼儿的特别表现进行具体的评价。教师的评价要客观、实事求是、具体明确，并以表扬鼓励为主，突出幼儿在本次活动中的闪光点；对于科学区角活动中存在的不良现象，要做到对事不对人，提醒幼儿注意；对于活动中的科学问题，可以给幼儿建议或提示，激发幼儿进行下一次活动的欲望。

以上三种评价方式既可以单独使用，也可以综合使用。

四、幼儿园科学区角活动案例及评析

神奇的种子

【活动目标】

1. 在探索中获得乐趣，热爱和关心自然界。
2. 在观察、操作、种植中了解种子的多样性、种子发芽的条件和生长变化过程。
3. 在活动中发展观察能力、探索操作能力，学会分类和进行简单的观察记录。

【活动准备】

1. 材料准备

各种常见的种子：绿豆、黄豆、玉米、油菜籽、大蒜等；新鲜的泥土、花盆、塑料盆、铲子、水等。

2. 经验准备

事先让幼儿了解不同类型的种子，理解种子从发芽到最后可以结出果实的过程。

3. 环境创设

将科学区角设在阳光能照射到的地方，张贴种子与果实的对应图画。

【活动过程】

1. 在自然角里投放各种种子，让幼儿自由地摆弄、观察或制作成小艺术品。在一段时间内（如一周），让幼儿了解种子的形状、结构。
2. 提供装有泥土的花盆（或装有少量水的塑料瓶）若干个。幼儿选择一种种子，将其种在花盆中，做好标记，并负责浇水、观察和记录。
3. 几天后，有些种子开始发芽了，这时可以与幼儿一起谈论：这些植物是从哪里来的？发生了什么事情？
4. 轻轻拔出一些发芽的种子，放在透明、有少量水的塑料盆中，要求幼儿描述种子和嫩芽之间的相同和不同之处，说说种子有哪些变化。指导幼儿将区别画下来，做好记录。

5. 继续观察和记录。指导幼儿记录每个种子发芽和变化的时间及区别。一段时间后，让幼儿查看是否所有的种子都发芽了，然后引导幼儿讨论：为什么有些种子没有发芽，并把没有发芽的种子翻开来查看，看种子有无变化。与幼儿一起讨论种子发芽的条件。

6. 与幼儿一起欣赏和观察不同的种子和嫩芽的相似点和不同点。

7. 与幼儿一起将不同种子的观察记录补充完整，装订成册。引导幼儿翻开自制的画册，讨论种子的神奇。

【活动延伸】

以"有趣的光与影子"为主题设置一个大班的科学区域，包括材料的创设和区域内环境的布置，让大班幼儿参与其中。

【活动评价】

教师根据幼儿是否能坚持观察、能否描述种子和嫩芽的区别、能否在观察中讨论和记录种子发生的变化等方面对每个孩子的表现进行评价。

第二节　生活活动中科学教育活动的设计与实施

本节，我们将讨论幼儿园科学教育的又一途径——生活教育。在幼儿园一日生活中，教学活动和游戏活动只是一部分。在更多的时间里，幼儿则是在经历一种常规性、重复性的日常生活，接受一种情境性、随机性的教育。那么，怎样利用幼儿的一日生活开展科学教育呢？本节将在分析生活教育的内涵、特点及指导策略的基础上，介绍几种适合在生活中开展的科学教育活动：种植和饲养活动、远足活动、偶发性的科学活动以及家庭生活中的科学教育活动。

一、生活活动中的科学教育概述

（一）什么是生活中的科学教育

尽管我们每时每刻都在"生活"，但对于"什么是生活"这个问题，很多人依然难以回答。可以说，人类的一切活动都发生在生活中，生活是一切活动的载体，当然也是教育活动的载体。应该说，一切教育都是生活中的教育。但是，当教育逐渐从生活中分离出来时，生活中的教育也就具有了特定的内涵。我们这里说的"生活中的科学教育"，特指教师在专门组织的教学活动、游戏活动以外，引导幼儿开展的科学活动。这些活动不同于专门的教学和游戏活动，组织形式灵活多样，既可以是全班共同参与（如远足活动），也可以是部分幼儿参与，而更多的则是三三两两自由结伴。

生活中的科学教育最重要的特征便是教育活动和生活紧密接触。因此，在时间跨度上，它涵盖了幼儿在园的全部时间。

科学就在幼儿的生活中，科学就在幼儿的身边。而从教师的角度来说，幼儿的生活中到处都有科学教育，科学教育的生命力不是体现在正规的教学活动中，而是体现在丰富多彩的生活中。

我们可以通过对比的方式，即将生活教育与教学活动（以集体教学为代表）进行比较，进一步认识生活中的科学教育。

（二）生活教育对于幼儿学习科学的价值

生活教育是幼儿园进行科学教育的一个不可缺少的途径，其重要性绝不逊于教学活动。我们如果能够像重视教学活动那样重视幼儿的一日生活，把做"精美大餐"（比喻精心准备集体教学活动）的热情转为"细心搭配一日三餐"（比喻抓住日常生活中的科学教育机会），那么幼儿就一定能获得一个更为坚实的发展基础。事实上，幼儿园教师的本领远不止公开教学中展示出来的那些，幼儿园教师对幼儿发展的影响，也不仅仅在于那些精心准备的教学活动，日常生活中的随机教育是"润物细无声"的，影响却是更为深远的。

与"随机教育"的概念相类似，美国著名建构主义教育家乔治·福门提出了"寻常时刻"的概念。他说："寻常时刻是界定我们与儿童的关系及我们作为老师成功的因素。"事实上，当一天结束时，"寻常时刻"就构成了儿童的生活与经历。

"寻常时刻是对儿童日常活动的记载。如果我们能抵挡住只把最激动的时刻记录下来的诱惑，我们就可能发现一个生活在两者之间的真实的儿童。如果我们抵挡住把儿童推向舞台的诱惑，我们就可能会发现实实在在的工作是在幕后完成的。如果我们发现了寻常时刻的巨大价值，我们就可能会抵挡住为一个长期的方案确立一个宏伟目标的需要。"乔治·福门的这段论述，对我国当前幼教实践具有重要意义。我们常常看到，教师非常关注孩子在集体教学活动中的表现，殊不知幼儿的发展是在日积月累的生活中不断实现的。幼儿在精心准备的集体教学的"舞台"上确实会有一些激动人心的表演，但我们却很少想到，"幕后"的生活也许更为重要。乔治·福门认为，儿童在生活中做的那些看上去很平常的事情，都是他们建构知识的过程。那些经验也许是隐含性的，不细心观察的成人也许根本就不会察觉，然而它们对儿童的发展却具有重要的价值。

二、生活中的科学教育活动指导策略

幼儿是主动的学习者、知识建构者。在幼儿的生活中，突然出现的某一自然现象、自然物或有趣、新奇的科技产品和问题情境，都可以激发幼儿的好奇心，吸引幼儿去探究。每天发生的随机事件对幼儿而言是最有意义、最具体、最容易了解的，是引导幼儿进行科学探究的切入点。

（一）氛围上要创设适宜幼儿的科学探究活动

在日常生活中，有很多适合幼儿进行科学探究的素材。比如，春、夏、秋、冬，每个季节蕴含的知识都是无限的，教师随着季节的变化，以时令季节为主题，让幼儿接触、观察自然，在与环境的互动中建构丰富的知识。春天，教师可以利用散步的时机带幼儿走进自然，跟幼儿一起捕捉蝴蝶、瓢虫等昆虫，制作昆虫标本，创设一个活泼可爱的"昆虫角"。幼儿对此类活动特别感兴趣，随着探究的深入，他们的兴趣不仅在昆虫上，还扩大到其他节肢动物上。在活动过程中，幼儿通过听、看、尝、闻、触摸，不但满足了自己的好奇心和渴望主动发现、主动探究的心理，而且获得了对周围世界的认识和真实感受，从而产生热爱大自然、保护大自然的情感。因此，创设良好的科学教育氛围非常重要。创设适合幼儿参与科学探究活动的氛围的思路主要包括以下两个方面：

1. 营造平等、宽容的交流氛围

平等、宽容的交流氛围是儿童大胆、自由表达的基础，教师是营造这种互动氛围的主角。教师在与儿童交流的过程中要不断地向儿童传递有效信息，运用语言和非语言引导儿童自由表达。如教师在与幼儿交流时可以有适当的身体接触，包括摸摸孩子的头、背，这样更容易吸引和维护儿童的注意力；教师要允许幼儿发表不同的想法，肯定他们的求异思维等，让幼儿在轻松的环境中大胆猜测、尝试，自由地表达。

2. 利用一切可利用的自然空间

教师应尽量利用园内的一切空间为幼儿营造一个优美的自然环境，如可在大操场上种上松树、柳树等，在走廊上种植迎春花、紫藤等，在草坪与户外活动场地周围种植灌木当绿篱，等等。这些植物既美化了幼儿园的环境，又具有遮阳隔离的作用，更重要的是为幼儿提供了认识自然植物的机会。

除此之外，教师还可充分利用房前屋后的空地，为中班、大班的幼儿开辟小菜畦，并根据季节特点选择果实大、生长周期短、适合幼儿种植的蔬菜瓜果进行种植。在课间或餐后经常组织幼儿给农作物浇水，引导幼儿以绘画的形式记录植物的生长状况。在这个小空间里，幼儿不再是消极的旁观者，而是积极主动的参与者，幼儿亲自参与种植、管理和收获工作，不仅可以开阔幼儿的眼界，也可以激发幼儿的求知欲和对科学的兴趣。

（二）目标上要重视培养幼儿的科学态度和情感

《纲要》中对科学教育目标的描述，强调让幼儿"运用各种感官，动手动脑，探究问题"，要求教师"尽量创造条件让幼儿实际参与探究活动，使他们感受科学探究的过程和方法，体验发现的乐趣"。由此可以看出，科学教育活动不应只注重静态知识的传递，更应注重幼儿的情感态度和探索、解决问题的能力的培养。

生活中充满了千奇百怪的可供人们探究的问题，如果我们仅教给幼儿周围生活中易懂、简单的知识和定义，这是不够的。因为这样一来，幼儿只是被动地接受科学教育，幼儿的主动性和积极性没有得到发挥，幼儿不能构建自己的知识体系，这样的科学教育得不偿失。所以，激发幼儿对周围事物不竭的兴趣和好奇心，培养他们的科学意识与能力才是幼儿园科学教育的根本目的。教师要善于发现和捕捉幼儿日常生活中感兴趣的问题和现象，引导幼儿进行科学活动，帮助他们获得需要的科学知识，培养他们的探究欲望和探究精神，使幼儿的科学教育内容既来源于生活，又指导生活。在幼儿日常生活的每一个环节中，我们都要关注幼儿的需求、兴趣、经验，使科学教育生活化。充分发挥幼儿的主动性和积极性，是对幼儿进行科学教育的一种比较有效的方法。

（三）方法上要注重引导幼儿亲历探究过程

皮亚杰的认知发展理论和布鲁纳的结构主义学习理论都说明儿童的学习是儿童主动学习，主动探究，主动与环境、材料相互作用的过程。而教师是幼儿科学学习的支持者、引导者和参与者。

我们常说幼儿是"小小的科学家"，但他们毕竟不是真正的科学家，他们的活动需要教师的引导和支持。在日常生活中，教师要善于捕捉幼儿关注的和感兴趣的内容，引导幼儿进入探究情境。例如，幼儿若对园地的金鱼很有兴趣，教师则可借机创设问题，启发幼儿探究金鱼吃什么，引导幼儿进行推测与讨论，鼓励幼儿进行实验操作和观察，把不同的食物喂给金鱼，用符号、图画、表格、照片、文字等多种适当的方式记录探究的过程。例如，幼儿在走平衡木时，教师可引导幼儿思考"用什么办法可以使自己走得更稳"；在幼儿散步时，教师可引导幼儿观察花草树木的变化并收集落叶；在幼儿每天的值日、种植和饲养等日常生活中，教师要善于抓住契机，挖掘一日生活中的科学素材，因势利导，适时教育，让幼儿在亲历探究中体验科学。

总之，生活化的幼儿园科学教育，要求教师为幼儿创造足够的探究空间，让幼儿迸发出对科学探究的兴趣火花，将生活化科学教育推向更深入的层次。只有相信幼儿的能力，支持幼儿的发现和创造，才能把握幼儿兴趣的发展方向。在活动中，教师要注意给幼儿充分的自由活动与探究时间，不要过分干扰和限制幼儿的行为，从而充分发挥幼儿的积极性和主动性。在这样的环境中活动，幼儿才会觉得有安全感，感到被尊重、被关怀，才能真正大胆地尝试、探究、发现和创造。

三、生活中常见的科学教育类型

（一）种植和饲养活动的价值

亲近自然是幼儿的天性。而动植物是大自然中最具生命气息、也最吸引幼儿的存在。在幼儿园中辟出一角，带领孩子们进行种植和饲养活动，无疑是非常有趣的。我国现代教育家陈鹤琴先生指出："幼稚园需布置一个科学环境，尽可能地领导儿童栽培植物（花卉、菜蔬），布置园庭，从事浇水、除草、收获种子等工作，并饲养动物……"种植和饲养活动是一种独特的科学教育途径。它的独特价值在于以下三个方面：

1. 在种植和饲养活动中，让幼儿与动植物"共成长"

幼儿常常会和动植物建立起朋友般的亲密感情。我们常常会看到，幼儿每天清晨来园后，第一件事情就是到饲养角去看看自己关心的小动物今天怎么样了，甚至还不忘带一点儿小动物喜欢吃的食物来……种植和饲养活动是培养幼儿关爱自然、关爱生命的有效的途径之一。

2. 种植和饲养活动给了幼儿和动植物亲密接触的机会

幼儿从中可以获得很多有关动植物生长的知识经验。例如，植物和动物都有生命周期，包括诞生、发育成熟、繁殖和逐渐死亡的过程，但不同生物的生命周期又不同。动植物都有一定的生存发展的基本需求，植物需要空气、水分、养分和阳光，动物需要空气、水和食物。最重要的是，这些知识都来自孩子们的直接经验。

3. 种植和饲养活动有利于培养幼儿的优良品质

种植和饲养活动总要持续一段时间，因此它不仅能使幼儿对生命成长的过程有一个完整的认识，还有利于培养幼儿长期、系统观察的能力，并帮助幼儿养成做观察记录的习惯等。此外，在种植和饲养活动中，幼儿还可以参加一些力所能及的劳动，这样不仅可以满足幼儿动手操作的需要，还有助于培养幼儿热爱劳动的好习惯。

那么，如何开展幼儿园的种植饲养活动呢？应该注意以下三点。

第一，选择合适的种植和饲养对象。幼儿园的种植、饲养与生产劳动不同，其目的是让幼儿对生命科学进行探索，因此我们应选择一些幼儿常见的、环境适应性强的、生长速度较快的动植物。比如，可选种子颗粒较大（便于观察）、生产周期较短（最好能在一学期内完成从种子发芽到开花结果的全过程）、易于生长，有种有收的花卉、蔬菜等；可选择性情温和、没有危险，易于饲养，重量适中，适合幼儿抚摸、拥抱或玩赏的可爱小动物，如家兔、豚鼠等。

第二，引导幼儿适当参与，同时激励幼儿提出问题、研究问题。由于生活经验有限，幼儿接触动植物的机会比较少，因此教师的引导显得尤为重要。以动物的喂食为例，如果教师不加以指导，任由幼儿"自主"活动的话，那些动物多半要被幼儿"喂死"。这就需要教师教给幼儿一些喂养动物的方法。当然，我们也可以鼓励孩子对动植物生长问题进行实地研究。例如，兔子究竟喜欢吃什么？黄豆怎样才能长得好？蚕宝宝究竟变成了什么？这些都是孩子感兴趣的问题，也是可以通过探索找到答案的问题。

第三，利用日常生活中的机会，引导幼儿持续观察动植物的生长情况。种植活动不能是"一种了之"的，而应该是从种到收的完整过程。同样，饲养活动也要持续相当长的时间，才能看到生命的变化过程。正因如此，我们才将种植和饲养活动作为生活中的科学教育内容。例如，植物栽种好以后，我们还应经常性地组织幼儿参加一些管理工作，如浇水、除草、施肥，直至最后收获劳动成果。在这个过程中，可以开展集体教学活动，如组织幼儿参加观察活动，或一起来收获果实、分享丰收的喜悦等。更重要的是在日常生活中，我们应该利用一切机会引导幼儿关注种植和饲养的对象，引导幼儿进行长期记录，帮助幼儿树立责任意识。

（二）远足活动

在这里，我们用"远足活动"的概念来解释幼儿园开展的各种外出活动，即午后的散步、在草地上挖野菜、在树林里采集落叶、在小河边捡石头，以及孩子们期盼的春游、秋游……对于天生爱活动的孩子来说，远足是他们喜爱的活动之一，同时远足也是科学教育中富有特点的学习活动。

远足给幼儿的活动空间大，是幼儿接触社会和自然的有利时机。幼儿以宽松愉快的心情走走停停、讲讲说说、玩玩看看，这为他们探索自然与社会，按自己的意愿吸收外界的信息提供了可能。

远足活动需要幼儿付出一定的体力，在观赏自然的同时又锻炼了身体。远离城市的喧嚣，呼吸清新的空气，有助于促进机体的新陈代谢，有益于幼儿的身心健康。

远足活动能让幼儿与大自然进行亲密的接触。在教师的细心引导下，每个孩子都能亲身感受大自然的美丽。大自然甚至可以使他们的生命产生奇妙的变化。远足活动给孩子带来的影响，是任何教学或游戏活动都不能替代的。

下面，我们具体介绍远足活动的组织领导要点。

1. 远足的准备

组织一次远足活动需要做好各方面的准备工作，制定一个计划是必不可少的。计划的内容主要包括：

（1）拟探讨的有关问题（幼儿想探讨的问题及教师拟引导幼儿探讨的问题等）；

（2）幼儿对有关问题的已有经验的分析；

（3）远足的地点；

（4）远足的路线；

（5）远足中拟开展的活动；

（6）要做哪些准备等。

对计划中的部分项目，教师可与孩子们共同商议，如可以和孩子们讨论要做的准备工作，如需要带哪些物品、要不要带水、怎么拿……并让孩子们参与部分物质材料的准备工作。

制定活动计划，活动计划要"粗而灵活"。只要确定地点、时间和路途长短即可，不宜制定过分"细而具体"的要求，不然就有可能为达到这些要求而生硬地执行计划，限制幼儿的活动。教师必须因地、因时、因事而异调整活动计划，以免影响幼儿探索周围世界的兴趣。如遇特殊情况，可灵活地执行计划。

2. 远足的程序

远足的程序就是对远足全过程的具体组织。每次的主题要视具体的活动内容（是赏景，是调查，还是采集）灵活决定。通常教师应先向幼儿进行远足目的地的整体介绍，然后采取集体移步换景的方法或分组结伴调查的方法，实施事先拟订的活动计划。

这一步骤是幼儿积累新鲜经验、验证已有认识的重要阶段。教师和同往的成人要视幼儿的年龄特点、兴趣、需要和具体情境进行相应的引导，如提示幼儿，其观察、见到的实物，以及实物的空间关系（临近、分隔、被包围、有次序的）、事件流程或工作流程等。为了获得更细致的观察内容和更清晰的记忆效果，教师可指导幼儿收集一些第一手的观察资料，如绘画记录、说明书、实物采集资料等。教师也可利用照相、录像、录音、做笔记等手段记录远足的全过程及计划外的偶发事件。在活动过程中，教师要采取提建议的方式协助孩子们进行记录、测量，提出新问题，并及时把以后活动可能会用到的信息记录下来，同时要密切关注全体幼儿的活动情况以及个别幼儿的反应，预防突发事件的发生。

3. 远足的后续工作

远足结束后，教师应组织幼儿对远足的经过进行回忆、讨论并整理收集来的资料；教师要检查幼儿在远足前提出的问题是否得到了解决，原有的错误认识是否得到了修正，教师从中也可以了解幼儿的进步情况和仍然存在的或新的困惑，从而引发下一步要研究解决的新问题。此外，还应组织幼儿以自己喜欢的方式，如绘画、表演、口头讲述等，及时将获得的认识、感受表达出来。

（三）偶发性科学活动

与以上所述的活动不同，偶发性科学活动是在教师完全没有计划的情况下发生的。它是指在幼儿的日常生活中，突然发生的某一自然科学现象，包括自然物或有趣、新奇的科技产品和情景，能够激起幼儿的好奇心，致使幼儿自发投入的一种科学探索活动。例如，幼儿在教室的墙上发现一块闪着水纹的光点，产生了好奇，于是到处寻找光点的来源，最终发现是自然角的鱼缸受阳光照射后反光形成的，于是就想看看还有哪些物体也能反射太阳光……一个有价值的科学探索活动就通过生活中的这个偶发事件产生了。

偶发性科学活动的特点如下：

1. 活动常由偶然情景引起，教师无法事先估计

一次教学活动中，教师在给孩子们讲解梧桐树叶的形状，而某幼儿却发现大树底下有一只西瓜虫。于是，他悄悄地把它捉起来，放在手心上，开始专心地研究起西瓜虫来……像这样的活动，完全是因为生活中偶然发生的事件或者

幼儿偶然发现的现象引发的，甚至在活动发生时教师也没有注意到，所以教师事先无法估计和预料，更谈不上进行事先的计划、设计和指导了。

2. 活动的内容广泛，常常是就地取材

因为幼儿日常生活范围具有广泛性，幼儿的偶发性科学活动内容也非常广泛，大至天上的彩云，小至地上的蚂蚁，都会成为幼儿探索的对象。而且，他们的探索也常常是就地取材的，即根据当时的情景和能够取得的材料进行探索，而不可能预先准备活动材料。

3. 活动的时间地点不定，随机性强

偶发性科学活动可能发生在幼儿一日生活的任何时间、任何地点或场所。它既可能发生在自由活动的时间中，也可能发生在集体活动的时间中；既可能发生在教室里的自然角中，也可能发生在幼儿园的大树底下……比如，某一幼儿晨间来园后，忽然发现自然角里饲养的小蝌蚪变了，这一发现激起了他的好奇心。他仔细地观察和探索，最后终于搞清楚，原来小蝌蚪长出腿来了。这就属于在一日生活中的偶发性科学活动。类似这样的活动，随时随地都有可能发生。

4. 活动的过程多样、多变，容易受外界因素干扰

偶发性科学活动就其形式而言，可以是观察、摆弄、操作等，可以是一个人独自探索，也可以是两三个人共同探究。活动的过程具有很大的不确定性，很容易受到外界因素的干扰和影响。偶发性科学活动既容易发生，也容易消失。当外界环境中出现某种诱因时，便会诱发活动；当诱因消失时，活动也容易随之结束。此外，活动还容易受到成人态度的影响。成人的干预往往也会导致活动中断。

5. 活动的主体具有强烈的内在探索动机

由于偶发性科学活动不是教师设计和提供的，而是幼儿自发产生的活动，所以并不是所有幼儿都会进行偶发性科学活动。偶发性科学活动的主体一般具有强烈的内在探索动机，他们表现为好奇心强烈，对周围世界中的事物敏感性高，好奇、好问、好探索。偶发性科学活动是在幼儿的内在探索动机的驱使下发生和发展的。这也是它不同于其他科学活动的特点之一。

6. 教师的态度对活动而言非常重要

教师的态度对幼儿的偶发性科学活动具有重要的影响。教师有责任对幼儿

的偶发性科学活动进行正确引导，使其发挥应有的作用。鉴于偶发性科学活动的特殊性，我们认为偶发性科学活动的指导要求是：首先，要注意观察幼儿的行为，发现和了解幼儿的科学探索活动；其次，对幼儿的科学探索活动给予支持；最后，根据具体情况加以适当的引导。

（1）观察、发现、了解

偶发性科学活动往往发生在不起眼的时间和地点，而且他人不易发觉。这就需要教师具有这样的心理准备：随时随地关注幼儿的一切活动，观察、了解他们在干什么、说什么。特别是当某一个幼儿单独待在某个地方，或者几个幼儿聚在一起，而对外界其他的事物"漠不关心"时，也许这正是偶发性科学活动出现之时，教师应予以特别的关注。

教师发现幼儿的偶发性科学活动后，不必急于参与其中，因为这样会惊扰幼儿。教师应该深入地了解活动的具体情况，在仔细观察幼儿行为的基础上，表现出惊奇，使幼儿知道老师也对此感兴趣。继而针对观察到的幼儿的探索行为提出启发性的问题，给出针对性的引导。同样，如果某个幼儿兴冲冲地跑来向教师报告某个地方发生了什么"重要事件"，教师也要耐心地倾听，并跟随幼儿到"事件"发生的地点了解情况，以便给出正确的判断。

（2）热情支持

教师在充分了解了幼儿的行为，并判定这是幼儿的偶发性科学活动之后，就应该热情地支持幼儿的行为。比如：询问幼儿有什么困难，帮助他们解决困难；对于幼儿提出的问题，鼓励他们继续探索，自己寻求答案；如果幼儿提出一些合理的要求，应尽量予以满足；当活动难以深入发展时，教师可以适当介入，使其继续开展下去；当幼儿发生争吵时，教师可以帮助幼儿通过协商解决问题，使他们重归于好；当幼儿有了成功的发现时，教师要和他们一起分享；当幼儿表现出一些出格的行为时，教师也要予以谅解并慎重应对。

总之，要让幼儿感觉到他们的探索行为不仅是教师接受的，还是教师赞许、鼓励和支持的。

（3）适当引导

教师在支持幼儿的探索活动的同时，还可以加以适当引导，帮助幼儿发现其中蕴含的科学道理。比如，幼儿发现天空中有很多蜻蜓在飞，非常感兴趣，教师此时就应有意识地引导幼儿讨论：为什么会出现这么多的蜻蜓？帮助幼儿理解蜻蜓低飞和天气的关系。

但是教师的引导应适度，不能把幼儿的偶发性科学活动变成教师讲科学的活动，而应以幼儿自己的探索为主。如果教师觉得幼儿探索的内容确实很有价值，可以做进一步的探索，建议幼儿把探索活动延伸到教室里继续进行，或者就此内容组织一次专门的教学活动。这样的引导，不仅可以使幼儿获得丰富的科学经验，更重要的是可以让幼儿的好奇心得到满足，并体验到成功和欢乐。

（四）家庭生活中的科学活动

1. 家庭科学活动的内容

家庭中幼儿能够进行科学探索的内容有很多。一类是观察活动的内容：如四季的变化、动植物的生长规律……都是幼儿感兴趣的问题，因此家长一定要保护幼儿的好奇心，引导、支持并鼓励幼儿去观察和探索。幼儿不论观察什么，家长都应尽可能对其进行启发和引导，使幼儿抓住观察对象的主要特征，久而久之，幼儿就会养成良好的观察习惯。对于幼儿提出的一些问题，家长可以给予生动、浅显的直接回答，也可以启发幼儿自己去找答案；对于难以理解的问题，家长可以和幼儿一起到书里找答案，培养幼儿的阅读习惯；有些难于回答的问题，家长可以引导幼儿长大后去探索了解。另一类是实验活动的内容：如水的变化、风雨的形成、物体在水中的表现等，这些内容也是幼儿家庭科学探究活动的重要组成部分。

不论是哪一类探究活动，家长都要注意幼儿学习的过程和方法。首先，要求幼儿通过感知、提问、回忆来熟悉自己的研究对象，提出自己真正关心的问题；然后，分析自己面临的问题，充分运用已有经验进行猜想和假设，带着问题来验证自己的想法；最后，依据自己观察到的事实得出自己的结论，并与家长交流、分享探索的过程和结果。

2. 家庭科学活动的指导策略

（1）对好奇心强的幼儿的指导策略

在家庭生活中开展幼儿园科学教育活动，是幼儿园利用家庭教育资源进行科学教育活动的另一途径。幼儿天生对周围世界充满好奇，不仅喜欢触摸、摆弄、操作，还会提出各种问题，表现出他们对认识周围世界和学习科学的渴望。他们常常想到星月以上的世界，想到地面上的情形，想到花卉的用处，想到昆虫的语言，想飞上天空，想潜入蚁穴……的确，对幼儿来说，科学就在他们的日常生活中，家长应该保护好幼儿的这种天性。因此，家长在指导幼儿或与幼儿一起活动时，应注意使用以下策略：

① 允许幼儿出错。家长首先要认识到，幼儿所犯的错误代表幼儿当前的认识水平。幼儿对事物的认识直接受其原有经验的影响，他们在探究和认识事物的过程中所表现出来的不合乎成人逻辑的想法和做法，在幼儿已有的经验和认知结构上却是合理的。他们会在经过尝试发现种子泡在水里能发芽、长大后，把风儿吹落的小花瓣泡在水里，认为它也会长大——"因为它们都是植物"。家长要给予幼儿试错的权利，并把幼儿所犯的错误作为了解他们思维和认识水平的线索。

② 认真对待幼儿的提问。在家庭生活中，幼儿会产生很多疑问，提出很多问题，尤其是 3 岁左右的幼儿，会抓住大人问个没完没了。"小草为什么是绿色的？""天为什么是蓝色的？"这些问题和疑问是幼儿学习科学的起点。家长要由衷地赞赏和鼓励，让幼儿真切地感受到你永远重视他的提问；要为幼儿创设一种鼓励提问的氛围，使幼儿感到他能提问，他有权利提问。当家长面对一个自己无法回答的问题时，除了轻松地说"我也不知道"外，还应该加上一句"让我们一起来寻找答案吧"。

③ 接纳幼儿的意见、探究方式和发现。幼儿的观点和兴趣常常与大人不同，接纳和支持幼儿的观点和兴趣会使他们有安全感，促使他们开展更多积极主动、富有创造性的探究活动。如家长认为大青虫又丑陋又可怕，但有的幼儿却很喜欢，并且乐于探究。家长要善于支持幼儿的观点和兴趣，引导幼儿获得有益的经验。无论幼儿提出的假设和探究方式与家长的预想是否一致，家长都要支持和鼓励幼儿按自己的想法去做。无论他们预想的探究方式和经验能不能成功，家长都应支持和鼓励他们进行尝试，要让他们从事实中得到反馈，构建新的知识经验。

④ 提供材料，与幼儿一起进行科学活动。幼儿从出生起，就在不断地探索世界：听到声音会四处寻找，看到灯光会注视，拿到东西会放到嘴里尝一尝，遇到小水洼会去踩一踩，等等。就是在这些大大小小的探索行为中，他们逐渐开始认识世界。同时，幼儿的思维与成人相比，有很大的不同：他们主要依赖具体的动作和表象，形成他们的认知结构。所以幼儿需要通过各种具体的活动

来认识事物、学习科学，而丰富的物质材料能够刺激幼儿的探索行为。家长在生活中可以准备一些碎海绵、沙子、碎布、橡皮泥、瓶子、熟鸡蛋等，让幼儿进行探索——"怎样使鸡蛋站起来"。幼儿把鸡蛋立在沙子里、橡皮泥里、瓶口上……成功后，幼儿会情不自禁地拍手大笑，这种强烈的情绪体验在其他活动中是较难获得的。

在家庭科学教育活动中，家长要放手让幼儿通过亲身经历去发现，家长既不要事先做示范，更不要直接告诉他们结果如何，以及操作的步骤，也不要在幼儿旁边转来转去，或问一些没有建设性意义的问题，以免幼儿受到打扰。家长要在他们有危机、有挫折时，在精神上、材料上、策略上给予适宜的引导，做一个"热情而积极的鼓励者、支持者，有效而审慎的引导者"。只有让幼儿感觉到他们的新发现，是通过自己的努力得到的，他们才能真正体验到发现的乐趣和成功的快乐。

（2）开展家庭小实验的指导策略

① 家庭小实验要满足幼儿的好奇心。好奇心是兴趣的先导，要培养幼儿对科学的兴趣，首先要激发其好奇心。为此，家长选择的实验内容应既是幼儿感兴趣的，又是符合幼儿认知水平的；同时家长要善于在日常生活中观察和了解幼儿的"兴奋点"，并善于把幼儿自发的观察纳入家庭的科学小实验中。例如，针对幼儿的提问："为什么冬天人的嘴里会冒白气？"首先，家长要知道，"白气"是水蒸气遇冷凝结而形成的小水珠，然后再引导幼儿做"水汽凝结"的小实验，也可以让幼儿观察水烧开时的现象……这样的家庭小实验，幼儿易接受，既可以满足幼儿的好奇心，又可以让幼儿掌握一定的科学知识。

② 家庭小实验要让幼儿体验操作与探究的过程。家庭小实验不仅要让幼儿掌握一定的科学知识，还要让幼儿经历科学发现的过程，让他们在活动中动手操作，动脑思考，体验发现的乐趣。家长要尽量创造条件让幼儿参加探究活动，亲身经历真实的研究过程，要让幼儿真正地"做科学"。例如，幼儿喜欢探究"手电筒为什么会发光"等问题，要解决此类问题，必须先让幼儿在玩、拆、装的过程中进行研究。若不成功，再借助家长的帮助，最后用小灯泡、电线、电池和胶布等材料自制一个简易手电筒。又如，在厨房里，家长可以把紫色的橄榄菜、橙色的胡萝卜、红色的番茄等蔬菜切碎并泡水，半个小时后把用蔬菜泡的水分装在不同的玻璃杯中，分别加入小苏打和食醋，让幼儿动手操作

并观察其颜色的变化……此时，幼儿既能感觉到科学的神奇魅力，又能体验到探究的乐趣。

③开展家庭小实验应注意的原则。一是安全问题。科学小实验强调幼儿要动手操作，而不仅是一名观察者。这就要求家长杜绝一切不安全因素。安全包括实验方法的安全和实验材料的安全。二是简单性。简单既指实验的难度要符合幼儿的年龄特点，也指实验材料、实验内容、操作方法、现象及规律简单明了，影响实验结果的因素少，事物与现象之间的因果关系明确，有利于幼儿在家庭中操作。三是廉价性。用很少的花费和随手可得的材料就能开展科学小实验。建议家长多收集生活中的废旧物，如食品盒、饮料瓶、扣子、旧玩具等，这样既可以废物利用，又可以培养幼儿节约的良好习惯。家庭生活中的科学教育的重点不在于结果而在于过程，在于通过一个个小活动，激发幼儿的认知兴趣和探究欲望。

除了区角中、生活中的科学活动外，科学学习活动还蕴含在其他活动当中，比如户外活动、美术活动、游戏活动等。幼儿在进行户外活动时经常能接触一些器械、动植物，同时能感受到天气的变化，在与大自然的亲近中探索科学的奥秘；在美术活动中，幼儿能观察物体的主要特征、颜色的变化，创造性地表现他们对周围事物的理解；游戏能够灵活地让幼儿体察科学的趣味性，让幼儿通过切身体验，理解科学的内在含义和乐趣。

四、生活活动、科学教育活动案例及评析

家庭小实验设计与指导：自制喷泉

【活动目标】

通过玩水、玩喷泉，初步了解水柱喷高的原因，并能用自己的语言较准确地表述自己的探索结果，培养动手操作、大胆探索的能力。

【活动准备】

1. 材料准备

两个稍大的空饮料瓶、大头钉、水等。

2. 经验准备

幼儿会玩喷泉，知道用力大，水喷得高；用力小，水喷得低。

3. 环境创设

在家庭中为幼儿营造一个与幼儿园差不多的学习环境，保证幼儿的学习效果，不要因为在家里就敷衍。

【活动过程】

1. 制作方法

（1）用大头钉在一个空饮料瓶的瓶身一侧，竖排扎若干个直径大小相同的小孔。

（2）在另一个空饮料瓶的瓶盖上扎数个直径大小不同的小孔。

2. 实验操作

（1）让幼儿在第一个瓶子中装满水，水会从瓶身的小孔中喷出来，且水喷射的距离不同。

（2）让幼儿在第二个瓶子中也装满水，并拧紧瓶盖，然后用力挤压瓶身，水会像喷泉一样从瓶盖上喷出来。

【指导建议】

操作第一个瓶子时，家长要注意引导幼儿观察哪个小孔的水喷射距离远，哪个小孔的水喷射距离近，请幼儿记录自己观察到的结果。

操作第二个瓶子时，家长要引导幼儿感受用力大小对形成的喷泉大小的影响。

【活动延伸】

家长可以带领幼儿观察户外喷泉。

附：科学小知识

水的压力由水的深度决定，水越深，水压就越大；水越浅，水压就越小。所以，在瓶身上的小孔直径相同的情况下，从瓶子底部喷出的水射出的距离最远，顶部喷出的水射出的距离最近。此外，当用力挤压瓶身时，瓶子中的水同时受到压力的影响，会从大小不同的小孔中喷射出来。挤压越用力，水压越大，喷泉喷得越远。

【活动评价】

因为幼儿是在家庭中进行科学学习的，教师很难全面地把握幼儿的学习过程，所以需要家长做好学习记录，反馈给教师，并且可以让幼儿表达自己的感受和分享自己学到的科学知识。

实践活动

我是美猴王

【活动目标】

幼儿对于心中的英雄人物——孙悟空有着浓厚的兴趣，喜欢模仿孙悟空。通过开展主题为"我是美猴王"的区角活动，调动幼儿学习的积极性，提高幼儿的观察能力和动手操作能力。

【重点】

1.仔细观察，用多种方法来表现孙悟空的特征。

2.遵守游戏规则，要在较为复杂的图片中寻找属于孙悟空的图样。

【难点】

1.美工区中，教师出示几种不同的孙悟空的制作示意图，但多数幼儿呈现的作品比较单一。

2.科学区中，幼儿对于课件中能动且有语音配音的孙悟空这一全新的内容兴趣较浓，并且感兴趣的人数较多，有的幼儿会因为没有争取到进入此区域活动的机会而变得有些不开心，此时教师要注意对这部分幼儿进行疏导。

3.益智区中《拼图》的内容具有一定的挑战性，幼儿很感兴趣。

【材料准备】

1.各式各样孙悟空的图样、照片。

2.有孙悟空声音的音频文件。

3.孙悟空的拼图。

知识巩固

1.简述班级科学区物质材料的创设原则。

2.如何通过家庭互动开展科学教育活动，你有什么好的建议？

3.结合本模块所学知识设计一个幼儿园区角的科学教育活动。

【参考答案】

1.简述班级科学区物质材料的创设原则。

（1）目标性与计划性

（2）探索操作性

（3）层次性

（4）趣味性

（5）安全性

（6）参与性

2.如何通过家庭互动开展科学教育活动，你有什么好的建议？

答案略。本题无标准答案，言之有理、能够结合学习内容即可。

3.结合本模块所学知识设计一个幼儿园区角的科学教育活动。

答案略。本题无标准答案，言之有理、结构标准即可。

模块六　幼儿园数学教育活动的设计与实施

　　科学与数学有天然的联系。人们在认识物质世界的过程中产生了数学，科学探究以数学认知为基础，而数学又能帮助人们更好地认识世界。《纲要》将数学融入科学领域，意在加强科学探究与数学的联系，使数学成为科学探究的工具，让幼儿在探究的过程中学习数学，运用数学解决实际问题。本模块的思维导图如图 6-1 所示。

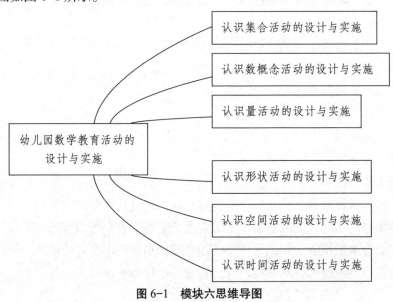

图 6-1　模块六思维导图

案例引入

某幼儿园小班的孩子们正在玩"看谁数得对"的数数游戏。李老师将孩子们分成"小猫""小狗""小羊""小牛"四组，然后李老师随机抽出一张卡片，看到上面是小猫的图画，说："来到动物世界，看到动物们，现在做游戏，'小猫'叫一声。"分到"小猫"组的孩子们叫一声"喵"。李老师又随机抽出第二张卡片，看到上面是小狗的图画，说："现在做游戏，'小狗'叫两声。"分到"小狗"组的孩子们叫两声"汪汪"。这样依次进行下去，"小羊"组要叫小羊的声音，"小牛"组要叫小牛的声音。孩子们积极配合，在做游戏的同时，不仅学会了简单的数字，还将数字物化成动物的叫声。经过反复游戏，孩子们对数字的掌握最终达到了熟练的程度。

思考：李老师设计的数学教育活动涉及哪一部分的数学知识？你知道幼儿园的儿童应该掌握的数学知识主要有哪些吗？跟随本模块寻找问题的答案。

第一节 认识集合活动的设计与实施

一、认识分类

所谓分类就是把具有相同属性的事物归在一起。学会分类是幼儿认识集合的重要基础，可以提高幼儿对集合中各个元素的认识。幼儿进行分类时一般着眼于事物的某一属性，如名称、外部特征（如形状、颜色、大小等）、用途、材质数量以及物体归属（如蔬菜、水果、动物）等。《纲要》中虽然没有明确规定分类学习的具体目标，但在科学领域中提出了关于幼儿分类学习的主要内容，如"能对事物或现象进行观察比较，发现其相同与不同""能发现和体会到按一定规律排序的物体比较整齐、美观等"，这在总体上指出了幼儿分类学习的基本目标。教师在设计分类教学时应该遵循的原则如下：

（一）引导幼儿发现生活中的类属关系

幼儿生活在多姿多彩的世界中，而客观世界为幼儿提供了丰富的物质资料，生活是幼儿学习分类的重要途径。因此，教师应该尽量让幼儿去发现生活中的类属关系，比如蔬菜都包括什么，哪些东西属于家具，常见的交通工具有哪些，等等。选择生活中的素材，通过图片、多媒体等方式向幼儿展现教师已经归类的东西。根据《纲要》对幼儿园教育的总体要求，"贴近生活"是教育目标的核心，因此我们应积极引导幼儿对他们了解的生活内容进行归类和总结。

（二）指导幼儿思考和探索分类的方法

幼儿在学习对事物进行分类的过程中需要教师的指导，因为幼儿最初无法准确地掌握事物的类型或者该事物应该如何分类，即不能准确地说出"这个东西属于什么"。因此，教师需要引导幼儿去发现和探索事物间的类属关系，并寻找"看上去像"的不同类事物的特点，比如玩具汽车不属于交通工具等。

（三）通过操作类游戏帮助幼儿学习分类

游戏是幼儿学习的最好方式，在分类教学中，操作类游戏可以更好地调动幼儿的感官，幼儿可以通过看、听、说以及摆弄、操作等方式探索事物间的联系，从而逐渐学会分类。比如"卡片宝宝要回家"游戏，教师准备好画着各种物品的卡片，然后在手工"房子"的门上贴上事物属类名称，分别放在教室的各个地方，把幼儿分成几个小组并为每组分发相同数量的卡片，以小组比赛的形式，看哪个小组能最快"帮助卡片宝宝回家"。在这个游戏中，幼儿要看清卡片上的事物，思考事物的类型，找到所属"房子"。另外，在小组活动中，同伴交流和互动能够让幼儿主动更正错误、积极探索，最终在游戏中学会分类。

（四）利用多种方式进行分类活动拓展

在幼儿对分类有了一定经验之后，教师可以适时开展拓展活动。例如"说一说你喜欢的小动物""画一画你见过的交通工具"，或者由教师先说出一种事物类型，比如蔬菜，再让每个幼儿按照给出的节拍依次说出他们想到的蔬菜。这种拓展活动既可以帮助幼儿巩固已掌握的分类知识，还可以丰富幼儿对事物属性的认识。

二、认识"1"和"许多"

认识"1"和"许多"的关系是小班幼儿学习的重要内容之一，可以帮助幼儿感知集合和集合的关系，为幼儿进一步认识10以内的数和学习数之间的运算打下基础。在小班教学中，教学目标是区分"1"个物体和"许多"物体并理解其关系，学习运用"1"和"许多"描绘生活中的物品，主要教学方法是实物操作。年龄较小的幼儿只有通过实物才能理解数，不然他们很难在教师说"1""许多"时，理解这里的"1"和"许多"表示的具体含义。一般情况下，他们的头脑中会呈现之前教师在摆出一个玩具和许多玩具时的情境，然后随着听到的"1"和"许多"的次数增加，这种情境再现的次数会逐渐减少，进而形成对"1"和"许多"的直接经验。

三、认识"相等"和"不等"

"相等"和"不等"是一对相对概念，小班幼儿在认识"1"和"许多"的含义之后，应进一步学习两组事物的对比关系，也就是让幼儿明白事物的对应关系，即两个集合的对应关系。教学目标即能够用对应的方式比较两组事物的多、少或相等，学习运用"多""少""相等""不相等"等比较性词语描述生活中的物品。认识"相等"和"不等"的主要方法是比较法。在教学中，比较的方式可以根据儿童和教学的需要进行适当调整，常用的比较方式有以下三种：

（一）连线比较

连线比较就是用连线的方式将两组物体进行比较。这种方法在书面中运用得较多。此外还可以用实物进行比较，比如将两组物品分排摆放，让幼儿手持线绳进行连线。

（二）重叠比较

重叠比较就是将一组物体与另一组物体重叠摆放并进行比较。比如杯子和勺子的比较，教师可以给每个幼儿分发 4 个杯子、3 个勺子，然后让幼儿把勺子依次放到杯子里，最后让幼儿说出哪个多、哪个少。

（三）并齐比较

并齐比较就是将两个物体分别排成两行，上下对应进行比较。在教学过程中，这种方法可以和重叠比较法相结合，让幼儿体会不同的比较方法，发现事物数量的相同和不同。

四、幼儿认识集合的案例及评析

认识"1"和"许多"（小班）

【活动目标】

1. 在游戏中认识"1"和"许多"个物体。
2. 能够通过亲身操作体会"1"和"许多"的关系。

【活动准备】

1. 材料准备

一个用积木围成的池塘，一条大鱼和许多小鱼，一只青蛙、一些小蝌蚪的模型，一个大树模型、一只大鸟和许多小鸟、多个苹果模型、各种小动物模型。

2. 经验准备

请家长给幼儿讲解"1 个"和"多个"的概念。

3. 环境创设

创设一个拥有多种相同物品的空间。

【活动过程】

1. 导入

教师："孩子们，今天天气真好呀，让我们一起去野外郊游好不好？"

2. 初识"1"和"许多"

（教师带领幼儿来到池塘模型边）

教师："我们一起来看一看，池塘里都有什么？"

（引导幼儿说出：有大鱼、小鱼、青蛙、蝌蚪）

教师："有多少条大鱼、多少条小鱼？"

（引导幼儿说出有"1 条大鱼和许多条小鱼"）

教师："有几只青蛙，有多少个小蝌蚪？"

（引导幼儿说出"有 1 只青蛙和许多个蝌蚪"）

然后继续发问，逐渐启发幼儿发现池塘里还有什么东西是 1 个的，什么东西有许多个的。

3. 通过操作体验"1"和"许多"

通过几番询问，幼儿对"1"和"许多"有了一定的了解，教师进而引导幼儿通过操作进一步体验"1"和"许多"。

教师："孩子们，玩了这么久都累了吧，你们看，那里有一棵大树，让我们过去休息一下吧！"

（把幼儿领到大树模型下）

教师："你们看，树上都是什么？"

（引导幼儿说出树上有许多苹果）

教师："大家都口渴了，让我们每人摘 1 个苹果解解渴。"

（教师一边摘苹果，一边说"我摘了 1 个苹果"，然后请每个小朋友效仿自己说出"我摘了 1 个苹果"）

教师："我们每个人手里都有 1 个苹果，那这一个一个的苹果合在一起就是……"

（教师一边说，一边让每个幼儿举起自己手里的苹果，然后引导幼儿说出"许多个苹果"）

4. 通过组合练习感知"1"和"许多"的关系

教师："我们都玩够了、吃饱了，爸爸妈妈都想我们了，我们带一些礼物回家好不好？"

教师："那我们能带些什么回家呢？"

（引导幼儿说出"苹果、大小鱼、青蛙、蝌蚪"）

教师："你们是想带 1 个还是许多个礼物回家呢？"

（幼儿畅所欲言）

教师："现在请你们把想带回家的礼物都装进篮子里。"

（发给每个幼儿 1 个篮子，然后让幼儿一边装一边数礼物的个数）

【活动延伸】

幼儿在教师的引导下已经能够理解"1"和"许多"的关系，教师在离场口等候幼儿，然后让幼儿在离场口集合，让每个幼儿说出自己的篮子里都装了哪些礼物，都有多少，是 1 个还是许多个。

【活动评价】

"认识'1'和'许多'"是小班幼儿认识集合的重要内容，根据小班幼儿的年龄特点，整个活动以若干小游戏贯穿始终，而且每个游戏中都具有针对性较强的独立知识点。同时，各游戏之间强调循序渐进，能够使幼儿在愉悦的氛围中逐步掌握有关"1"和"许多"的知识。

第二节　认识数概念活动的设计与实施

一、幼儿数概念形成的特点

（一）幼儿天生具备一定的对数的目测能力

虽然我们知道 2 周岁的幼儿还不会数数，但相关研究显示，2 周岁的幼儿已经具备了一定的对数的目测能力，他们能够准确目测 1～3 个物体，3 周岁时能够准确目测的物体个数增加到 4 个，4～5 周岁幼儿的最大目测范围（能够准确目测的物体的最大值）增加到 5 个。可以说，儿童与生俱来的这种对数的目测能力应该是他们最早的对数的感知能力，而这种能力也为以后他们的数概念的形成奠定了一定的基础。

（二）幼儿数概念的形成是从无意识到有意识的过程

幼儿最初对数的认识是无意识的，他们大多是从成人那里模仿"说"或者"数"，但是他们并不能真正理解数的含义，所以我们经常看到幼儿错数或者漏数。幼儿数概念的形成多需要后天的学习，需要建立在大量的感性经验和操作经验的基础上，最后经过专门的有关数的学习才能够逐渐将数与物一一对应，能够理解数与数、数与物之间的关系，从而形成有意识的数概念。

（三）幼儿数概念的形成必须借助一定的实物或操作

我们常认为幼儿能够数数就是真的理解了数的含义，其实不然，这只是对知识的机械记忆或单纯模仿。在日常生活中，我们对幼儿进行的数学教育往往是从让他们"掰着手指头数数"开始的，而恰是这个动作构建了儿童对数的理解由具体事物向抽象逻辑发展的桥梁，使之能够逐渐理解"1 根手指代表 1"的概念。因此，在幼儿数概念的教学中，依靠一些实物或动作能够帮助幼儿顺利地理解数的具体含义。

二、幼儿 10 以内数概念活动的目标设计

（一）小班幼儿 10 以内数概念活动的目标设计

1. 能够点数 5 个以内物体的数量，理解 5 以内数的含义。
2. 能够初步理解 5 以内数的含义，并能点数 5 以内的物体。
3. 能够按数取物或按物取数。

（二）中班幼儿 10 以内数概念活动的目标设计

1. 能够点数 10 个以内物体的数量，理解 10 以内数的含义。

2. 能够知道 10 以内相邻两个数的关系。

3. 能够在不受物体形状、大小、排序的影响下正确说出 10 以内物体的数量。

（三）大班幼儿 10 以内数概念活动的目标设计

1. 能够熟练掌握 10 以内数的含义，会倒数、顺数 10 以内的数。

2. 能够正确区分单双数并按群计数。

3. 能够知道 10 以内三个相邻数的关系，并且按等差顺序排列 1 ～ 10 的数。

三、认识 10 以内数概念活动的主要内容

数学是抽象的符号系统，而这个系统具有高度结构化的逻辑关系。对于幼儿来说，数学学习具有一定的难度，有意义的数学学习必须是幼儿在原有认知水平和经验的基础上，对这些关系进行主动建构。为此，在进行数学教学活动时，教师必须掌握一定的方法，帮助幼儿进行有意义的数的建构。以下是幼儿认识 10 以内数概念的主要内容。

（一）认识 10 以内的基数

基数在数学上指的是集合所含元素数量多少的一个概念。对基数的认识是幼儿数学教育的基础内容，对幼儿形成数的概念、进行数的运算都有重要的影响。从小班开始，基数的学习贯穿整个年龄班，那么在教学中我们可以运用哪些方法呢？下面列举四点建议。

1. 通过点数帮助幼儿初步建立数的概念

小班幼儿开始学习点数，主要方式是按物点数。为了使小班幼儿能够手口一致，教师需要进行示范，教幼儿用食指按照一个方向分别点数摆在自己面前的物品的个数，并说出一共有几个。教师也可以一边让幼儿点数，一边把幼儿数过的物品摆在他们的面前，最后问幼儿："你数了几个？"

中班幼儿已经具备一定的点数经验，教师可以让幼儿用自己喜欢的方式点数，比如点头、拍手、眼睛点数等，或者变化点数的声音、速度，最后让幼儿大声说出一共有几个物品。

大班幼儿不仅可以很快地点数，还能够默数，因此教师应该不断变化幼儿点数的方式，增减基数，或者让幼儿按群数，比如三个三个地数。

2. 利用顺数、倒数、接数丰富幼儿对数的认识

顺数是指按照自然数排列的方向数数，倒数是指按照自然数排列的反方向数数，接数是指在自然数内任选一个数，然后按正或逆的方向数数。这样具有方向性的数数方式可以帮助幼儿进一步了解自然数的排列顺序，进而去探究其中的关系。在数数时需要注意的是，物品要与数字相对应。比如，让幼儿进行 1～5 或者 1～10 的顺数、逆数时，教师应按照逐渐递增一个或逐渐递减一个的顺序摆放物品，然后在摆放好的物品下方摆放相应的数字，这样才能帮助幼儿建立数字与物品数之间的联系，比如幼儿看到摆放的数字"3"就知道上面的物品有 3 个。

3. 利用视觉、听觉、嗅觉、触觉等加深幼儿对数的理解

多元化的感官体验可以增加幼儿学习基数的趣味性，也能加深幼儿对数的理解。因此，在教学中教师可以充分利用幼儿身体的多种感官，比如让幼儿看到几（或者数到几）就跳几下，让幼儿通过跳一跳、听一听、闻一闻、摸一摸等方式进一步感知数的存在。

4. 通过游戏帮助幼儿巩固学习成果

游戏是幼儿数学教育中常用的一种方法。在教"基数的认识"这一内容的过程中，教师可以通过"按数取物、按物取数"的游戏来巩固幼儿的学习成果，这里可以和一些感官游戏结合。比如把不同数量的物品放到箱子里，然后让幼儿闭着眼睛摸，摸到几个物品就把相应的数字放到箱子前。还有一些卡片游戏，就是把相应的数字或者物品做成卡片，例如"摘苹果游戏"，教师做一些苹果形卡片和一张大树形卡片，然后给每个幼儿分发 5 个或 10 个苹果形卡片。教师可以设计各种方法让幼儿利用这些卡片进行数的练习，比如请幼儿按照其他幼儿或者教师说的数字，把"苹果"挨个儿粘到"苹果树"上，教师还可以编排一些小故事，使整个游戏更加生动。

（二）认识 10 以内的序数

序数是用自然数来表示集合中元素次序的数，在日常生活中，这类自然数是对"第一""第二"等表示次序的数的推广。序数的认识必须建立在一定的基数经验之上，一般在学龄前中期开始。而对于序数，幼儿首先要理解序数的

含义，并能够正确地运用 10 以内的序数词表达物体的次序，还能从不同的方向确定物的排列顺序。为了帮助幼儿更好地理解序数的含义，教师需要掌握一定的方法。

1. 讲解和演示相结合

序数的学习不仅是让幼儿理解数的含义，最重要的是让幼儿理解"第几"所表示的次序。为此，在教学过程中教师必须将讲解与演示结合起来。例如在"口令游戏"中，教师可以先让幼儿排成一队，然后发出指令："我请排在第五个的小朋友来表演，让我们来一起数一数谁排在第五个。"然后，教师从第一个幼儿开始，一边指一边数，"第一、第二、第三、第四、第五"，然后轻拍一下排在第五个的幼儿，再说一遍"请排在第五个的小朋友来表演……"经过几次练习之后，幼儿自然而然地就明白了自己排在第几个。与此同时，为了让幼儿更好地区分基数和序数，教师还可以变化口令，比如"我请五个小朋友来表演"，让幼儿注意听清自己的指令，然后做相应的动作。需要注意的是，幼儿区分基数和序数是需要经过一个试错的过程的。这样的集体活动可以让幼儿很好地学习并纠正自己的错误理解，教师的示范也可以让幼儿更加明确数的次序。

2. 利用游戏或操作活动

移动身体、操作物品等活动可以有效地帮助幼儿理解序数的基本含义，所以在教学设计中，教师应该以游戏或者操作活动的方式让幼儿亲身体验什么是序数。例如组织"动物王国的大超市"游戏，游戏规则如下：让五个幼儿分别扮演不同的小动物，由教师扮演售货员，然后把不同的食物放到不同的架子上，每个幼儿必须买自己扮演的动物喜欢吃的食物，并且说出食物所在的层数，用"第几层，第几个"来表达，只有说对了才能买到。玩过几次之后，让幼儿变换角色，或者让幼儿扮演售货员。在游戏过程中，幼儿必须用自己所掌握的知识进行游戏。在这个过程中，他们能调动各种感官，真正体会到序数词的含义，逐渐掌握复杂的知识。

3. 将序数词渗透到生活及其他活动中

序数的教学不仅应在教学活动中进行，还应渗透到生活及其他活动中，因此教师应该注意在日常生活中使用序数词，以及日常生活中序数词的表达方法，如"今天谁第一个来的呀""我们班是第一名""铅笔放在第二层书架上"等。幼儿园教育强调一切生活皆课程和将幼儿活动生活化，所以幼儿的学习活动不应只存在于教学活动当中，更应浸润在幼儿的一日生活当中，以"润物细无声"的方式让幼儿学会知识。

（三）认识 10 以内数的组成

"认识 10 以内数的组成"等相关教学活动适合在大班开展。认识 10 以内数的组成可以很好地帮助幼儿理解数的整体和部分的关系，这就要求幼儿首先能够理解数的含义；其次，能够知道这个自然数和这两个组成数的关系，即两个数的总和正是这个自然数，这两个数（组合数）都小于该自然数；最后，能够弄清楚这两个数之间的互换、互补关系。大班幼儿应该掌握 10 以内基数的全部组合形式。在教学过程中，教师应尽力引导幼儿发现数的不同的组合方式，为幼儿预设一些他们在拆分或组合数时可能遇到的问题，例如：

（问题一）哪些数可以进行拆分，哪些数不可以拆分？

（问题二）每个数有几种拆分及组合形式？

（问题三）两个组合数与被拆分数有什么关系？

学习数的组合最好的方法就是操作探索法。所谓操作探索法就是为幼儿提供一定数量的小物品，让幼儿通过摆弄、操作等动作逐渐探索物品的组合方式，从而发现并感受其规律的一种方法。具体的实施步骤可以分为：指导探索—自由操作—归纳记录。这里以数字"5"的组合为例，简要说明各步骤的实施要点。

1. 指导探索

准备相同数量的小木条，给每个幼儿分发 10 个小木条；准备一张纸，对折后分成两份，这里分为 A 组和 B 组（由于年龄小的幼儿对颜色的感知更为直观，可以用区别明显的颜色表示两个组，比如红和绿）。教师指导幼儿先数出 5 个小木条，将其余 5 个小木条依次摆放在纸的上方作为参照组，拿出 1 个小木条放到 A 组，然后把剩下的小木条放到 B 组；再依次让幼儿拿出 2 个、3 个、4 个小木条放到 A 组，并把剩下的小木条放到 B 组，让幼儿分别数出 A 组、B 组小木条的个数，并与上方的 5 个木条对比。

2. 自由操作

在幼儿基本掌握分组方法后，让其自由操作，探索一共有多少种组合。

3. 归纳记录

让幼儿一边操作一边在纸上记录下刚才分解的组合，如图 6-2 所示。

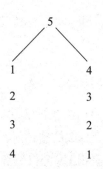

图 6-2 "5"的组合方式

在这个过程中，教师可以提醒幼儿通过操作的办法总结组合的种类，同时可以继续拓展活动内容，让幼儿发现组合的规律，比如组合数之和等于该自然数，每个组合数永远小于该自然数，以及组合数之间的正序、倒序、互换、互补关系等。

四、认识 10 以内数概念活动的案例及评析

有趣的数字"6"（中班）

【活动目标】

1.认识数字"6"，知道用"6"表示相应数量的物体。

2.能够通过操作、目测等方法感知"6"以内的数。

3.对学习数学感兴趣，能够积极参与到活动当中。

【活动准备】

1.材料准备

（1）"动物园"幻灯片若干张，数字（1～6）卡片若干张，油画棒若干盒，实物印章每人 1 个，实物图片人手 1 份。

（2）信箱 3 个，贴有不同数字的信封人手 1 个，1～6 小数卡人手 1 份，小玩具若干。

2.经验准备

事先请家长在家里教给幼儿数数的概念。

3. 环境创设

幼儿在场地中间围坐成半圆形，每人面前放 1 个小盘（盘内有 1～6 小数卡若干，玩具若干），在幼儿后面，有用大型积木搭建的数字王国，并设置 3 个门，分别在门上标明数字 "1" "2" "3"。

【活动过程】

1. 创设情境，激发兴趣

教师："今天，老师收到一封数字王国的国王写给我们班小朋友的信，让我们来一起读一读。"（出示一封信并朗读）

邀请函

亲爱的小朋友们：

我是数字王国的国王，我们准备打开欢乐谷的大门，但欢乐谷的大门需要更多的快乐才能打开。所以，为了收集大家的快乐，我作为数字王国的国王，诚挚邀请你们来到我的国家，希望你们能将自己的快乐分享给我们。

——数字王国国王

教师："小朋友们，你们说我们是不是应该帮助国王啊？（是）那就跟着老师一起看看数字王国在哪里。"

（教师出示一张地图）

教师："根据地图所示，我们需要经过一个动物园。小朋友们，我们先一起开车去动物园吧！"

（教师和幼儿一起做开汽车的动作，然后出示动物园幻灯片，到达"动物园"）

2. 播放幻灯片，巩固数字 "4，5"

教师："快看，我们到动物园了，看看动物园都有哪些小动物，它们分别有几只，可以用数字几来表示。"

（分别出示动物数量为 "4" 和 "5" 的动物园幻灯片，让幼儿通过目测和点数的方式说出动物的数量）

教师："下面请小朋友们从座位底下的小盘子里取出相应的数字。"（分别变

换动物的个数，使幼儿通过重复操作巩固"5"以内的数字知识）

3. 初步认识数字"6"

（出示动物数量为"6"的动物园幻灯片，请幼儿目测动物数量，认识数字"6"）

教师："一共有几只小动物？我们可以用数字几来表示？"（出示数字"6"）"'6'像什么呢？请小朋友从盘中找出数字'6'。"

（集体认读数字"6"）

4. "看数取物"，强化对数字"6"的认识

教师："这是数字几？请小朋友们从盘子中拿出相同数量的玩具，一边拿一边从'1'开始数。"

（教师出示数字卡片，引导幼儿反复练习）

教师："穿过动物园我们就到了数字王国，让我们一起往前走吧！"

（教师带领幼儿来到标有"1""2""3"的大型模具门前）

5. 进入"数字王国"，巩固对数的认识

教师："快看，数字王国原来有3个入口，分别为1号门、2号门、3号门，而且每个门内都有一组游戏，要想进入数字王国就必须学会玩这些游戏，下面老师为大家讲一讲游戏规则。"

（教师讲解游戏规则）

1号门：看数做点卡

请小朋友先看清卡片上的数字是几，再画圆点，边画边说："1，2，3……数字 x 和 x 个圆点做朋友。"

2号门：看数印图

请小朋友先看卡片上面的数字，数字是几，就在旁边的格子里印几个实物图形，边印边说："1，2，3……x 个图形和数字 x 做朋友。"

3号门：看物贴数

先看卡片有几个什么，再把能表示它的数字贴在上面的格子里，边贴边说："x 个 x（数字）和数字 x 做朋友。"

（教师让幼儿自由选择数字门，然后指导幼儿根据不同门的游戏规则进行相应的操作）

教师："现在小朋友们通过自己的努力已经获得了进入数字王国的签证卡，

下面就请小朋友们进入数字王国，把你们的快乐分享给他们吧！"

【活动延伸】

教师："小朋友们，老师这里有漂亮的信封，让我们把大家制作的签证卡邮给其他小朋友，收集更多的快乐能量。"（教师和幼儿将信投到"信箱"中，或者粘贴到作品墙上，让幼儿说一说大家都选择了几号门）

【活动评价】

认识基数是幼儿认识数概念的基础，而游戏是幼儿最喜爱的、最能激发幼儿积极性的活动形式。整个活动以"数字王国"为情境，幼儿在教师的逐步指引下巩固学过的数字"4，5"、认识新数字"6"，并在集体和小组的游戏环节中，通过操作强化了自己对数字"6"的理解。整个活动充满趣味性，最大限度地调动了幼儿活动的积极性。

第三节　认识量的活动的设计与实施

一、幼儿量概念形成的特点

（一）幼儿对量的认识主要依靠直观的感知

由于幼儿的思维处于具体形象思维阶段，他们的学习主要依靠自身的直观感知，也就是说，他们只有亲自去看、去听、去摸才能够真正理解并获得对事物的认识，对量的认识也是如此。发现事物的属性并且能够进行量的比较、排序，了解量的守恒等概念的形成过程，这些认识主要建立在幼儿对这些量的切身体验上。这也提醒教师在教的过程中要注意提高幼儿的参与度。

（二）幼儿量概念的形成是从笼统到精细、绝对到相对的过程

幼儿对量的最初认识源于其对周围生活中客观存在的量的感知，然而由于生活经验和语言表达能力相对不足，他们并不能准确地用语言去描述这些量的不同之处。而随着有关量的经验的丰富，他们逐渐学会了区分"哪里不一样"。对量的认识，5周岁之前的儿童处于绝对化阶段，而对5～6周岁的儿童来说，他们能够说出"A比B大，但小于C"，可以看出，5～6周岁的儿童已经具有量的相对性的概念。

（三）幼儿对量的认识随着年龄增长而逐渐提高

对小班幼儿来说，他们能够区别在大小、多少、高矮等方面具有明显差异的事物，而到了中班他们基本具备了区别事物的，量的变化情况的能力，能够按照量对事物进行区分和排序，并且能用相应的量的术语进行描述。对于大班的幼儿来说，随着生活经验不断丰富，他们的思维方式也更加复杂。

二、幼儿认识量的活动的目标设计

（一）小班幼儿认识量的活动的目标设计

1.能够比较事物的大小、多少、高矮等。
2.能够尝试在日常生活中使用大小、多少、高矮等专业名词。

（二）中班幼儿认识量的活动的目标设计

1.能够初步感知并区分事物的粗细、长短、厚薄、轻重等。
2.能够理解粗细、长短、薄厚、轻重等概念，并会用这些术语描述事物的基本特征。
3.能够按照事物的某个量进行正、逆排序。

（三）大班幼儿认识量的活动的目标设计

1.能够区分事物的宽窄、轻重、远近等，并准确应用相应的术语描述事物。

2.能够正确地把握事物间量的关系，并按照一定的规则进行正、逆排序，同时能够初步感知物体间的可逆性、双重性及传递性的关系。

3.能够初步理解量的相对性。

三、幼儿认识量的活动的实施

量主要是指客观事物具有的、表现出来的能够定性或测定的基本属性。在关于量的认识活动中，学习的内容主要包括排序、量的比较和量的守恒概念。对幼儿来说，有关量的学习是较为抽象的并具有一定的顺序，因此教师必须采用一定的方法。

（一）量的比较——多元化的体验学习

量的比较就是根据事物的具体特征，探索其中的关系。在日常生活中，这些量的比较包括大小、长短、粗细、轻重及容量等。而幼儿对量的认识最初是从比较开始的，他们只有知道"谁比谁大""谁比谁多"，才能进行排序和获得守恒概念。在"量的比较"教学中，教师应该充分调动幼儿的多种感官，使幼儿获得多元化的体验，具体可以借鉴以下方法：

1. 运用多种感官去发现量的不同

让幼儿进行两组或多组事物的比较，比如让幼儿看一看、说一说、摸一摸、比一比、找一找，然后发现各组事物的量的不同。

2. 发现生活中不同的量的应用

引导幼儿发现生活中还有哪些不同的量，比如"妈妈的鞋子大、宝宝的鞋子小""水壶里的水比水杯里的水多"等。

3. 在创设的环境中运用不同的量

在创设的学习环境中多用变量，比如长短不一的铅笔、粗细不同的窗帘、大小不同的照片等。

（二）量的排序——探索式的发现学习

在儿童对量有了一定的认识后，教师就可以指导幼儿学习量的排序。量的排序包括差异性排序、数量排序和规律性排序。到了学前中期，教师应指导幼儿进行简单的排序训练，这时教师应注意教学的方法，坚持以幼儿的自主探索为主，可以借鉴以下方法：

1. 适当地示范与讲解

教师的示范讲解可以有效地帮助幼儿寻找事物间的规律。教师在示范讲解时应该说明参照哪一个量排序，比如大小、长短；说明排列的顺序，比如正序、逆序。对于大班的幼儿，可以初步渗透量的可逆性、双重性、传递性的概念。量的可逆性是指物体按照一定规律排序，反之也呈现一定规律，比如能够从多到少排序，也能够从少到多排序。量的双重性是指在量中的某一元素具有双重属性，比如在数字 1，2，3，4 的序列中，3 比 2 大，但比 4 小。量的传递性是指在某些量的序列中，各元素的关系呈现一定的推理特质，比如 A > B，B > C，那么 A > C。

2. 自由操作，探寻规律

幼儿能够根据自己的生活经验和已有知识发现生活中的事物的规律，因此教师可以为幼儿提供丰富的材料，让幼儿通过自由操作发现它们的内在规律。这种规律可能是一般的或明显的，比如递增、递减；也可能是幼儿自己定义的。比如有幼儿在桌子上依次摆上碗、书、直尺，这三种事物不具备一般的规律，而幼儿却说"我是从矮到高排的"。可以看出，幼儿对事物顺序的感知具有其自身的特点。这里需要强调的是，教师在教学过程中不应该严格地规范什么是对的、什么是错的，而应该充分尊重幼儿的创造力和想象力。

（三）量的守恒——操作式的拓展学习

幼儿对量的守恒的学习，是指幼儿能够不受外在的形状、颜色、大小、位置等属性的影响，去判断事物的同一性。量的守恒可以包括长度、重量、体积、面积和容量的守恒。教师需要在幼儿已经具备了一定的量的认识的基础上进行拓展教学，可以借鉴以下方法：

1. 进行单一物体的变量守恒测试

改变单一物体的一个属性去进行不同的测试，比如将相同体积的水倒入高度相同、粗细不同的水杯中，让幼儿比较哪个杯子内的水多，再将两杯水分别倒入两个完全相同的水杯中，从而验证容量的守恒。

2.利用数来表示量的守恒

数是衡量事物变化的重要标准,因此在某些量的守恒判断中可以以数作为依据。例如,用四个正方体分别组成一个大正方体或一个长方体,让幼儿判断体积的变化。

四、幼儿认识量的活动的案例及评析

做饼干(中班)

【活动目标】

1.能够感知物体的大小与数量的关系。
2.学习用数字和图形记录结果。

【活动准备】

1.材料准备

用纸板剪成大小不一的"饼干"若干、橡皮泥、泥工板、记录纸、人手一个圆形积木或瓶盖。

2.经验准备

幼儿对生活中常见的物品的形状和量有一定的概念,能够分辨出它们的形状不同、量不同。

3.环境创设

将多种不同形状的物品放在活动区,引起幼儿主动上前辨认的兴趣。

【活动过程】

1.通过对话的形式导入活动

教师:"小兔子有一盒特别好吃的饼干,它们是什么样的呢?"

(出示兔子玩具及"饼干","饼干"大小不一)

教师:"因为太好吃了,小兔子都吃光了,想请小朋友们帮忙再做一些饼干。"

2.利用模具制作"饼干"

（教师引导幼儿用矿泉水瓶盖或者积木等不同大小的模具在泥工板上制作"饼干"）

教师："让我们来看一看每块橡皮泥能做几块饼干。"

（教师一边演示，一边数"饼干"的个数）

教师："下面让我们一起制作更多的'饼干'，同时请用你喜欢的方式，比如数字、画图（圆点、短线等）的方法将自己制作的'饼干'的数量记录下来。"

（指导幼儿进行记录）

3.教师巡视指导

在操作中，教师注意观察幼儿做"饼干"时采用的方法，并引导幼儿探索怎样压印才能得到更多的"饼干"。从幼儿所做的"饼干"数量的不同这一情况出发，引导幼儿发现在同样大小的"面皮"上压印的"饼干"的大小与数量的关系，如"饼干"大，数量少；"饼干"小，数量多。

4.比一比，谁做得多

教师："我们来比一比谁做的'饼干'多。"

（找出"饼干"做得最多的幼儿，请他说说自己是用什么模具做的、怎么做的、为什么能做这么多）

教师："为什么有的小朋友做得多，有的小朋友做得少呢？"

（让幼儿畅所欲言，说说自己的想法）

让幼儿再次尝试做"饼干"，比较前后两次的操作结果，引导他们发现在同样大小的面积上压印的"饼干"的大小与数量的关系，从而初步获得如何有效、合理地在有限的"面皮"上印制更多"饼干"的经验和方法。

【活动延伸】

把幼儿做好的"饼干"用到区域活动中，组织幼儿进行"小兔子去串门"的角色游戏，让幼儿扮演小兔子，把自己做好的"饼干"分给其他小朋友。

【活动评价】

活动融合了比较大小和量的知识，并让幼儿通过亲手操作的办法亲身感受大小与量的关系。活动以"小兔子的'饼干'"为故事背景，充分发挥了幼儿的想象力。同时，教师根据幼儿出现的不同情况进行有针对性的指导，在某种程度上弥补了集体教学的不足。可见，教师在观察和交流中要充分把握幼儿对知识的认知情况，进而给予相应的指导。

第四节　认识形状活动的设计与实施

一、幼儿形状概念的发展特点

（一）幼儿对形状的认识是从笼统到精细的过程

幼儿对形状的认识是一个从笼统的感知再到精细的感知的过程。年龄很小的儿童并不能准确区别复杂的图形，他们仅能通过外部轮廓来判断物体，对曲、直等概念之间的细微差别还不能给出准确的判断。随着认知的发展和经验的丰富，4 周岁之后的幼儿开始能够区分曲线和直线，但还不能很好地把握曲线图形和直线图形。直到 6 周岁之后，幼儿才能够准确地区分一般图形，并且描绘这些图形的特点。

（二）幼儿对形状的认识具有一定的顺序性

幼儿认识几何形状的顺序一般是先平面后立体，且常常混淆，以体代面。比如，在寻找圆形时，有的幼儿会说"篮球是圆形的"。幼儿认识平面形状的顺序是：圆形→三角形→正方形→长方形→椭圆形→梯形；认识立体形状的顺序是：球体→正方体→圆柱体→长方体。幼儿对形状的认识常常受生活经验的影响，他们对生活中经常出现的且较为特殊的形状的认识水平要比一般形状高。

（三）各年龄段儿童对形状的认识是一个逐渐发展的过程

幼儿形状概念的形成一般要经过先感知形状到能够用相应的词语去描述形状的过程，这一过程中幼儿对形状概念的认识水平可以分为三种，即"能把平面几何图形与名称匹配起来""能根据所说图形的名称指认图形""能对平面图形进行命名"。这种认识水平会随着儿童的年龄逐渐发展。

3～4周岁儿童：能够根据名称匹配平面图形。

4～5周岁儿童：不仅能够认识一般的几何图形，还能够理解平面图形之间的简单关系，对图形进行初步的拆分、组合。同时，部分幼儿具备一定的图形守恒能力，能不受颜色、大小和位置的影响准确辨认图形。

5周岁之后的儿童：能够辨认基本的平面、立体几何图形，图形组合能力明显提高。

二、幼儿认识形状活动的目标设计

（一）小班幼儿认识形状活动的目标设计

能够认识圆形、正方形、三角形，并且能将这些形状与他们的名称相匹配。

（二）中班幼儿认识形状活动的目标设计

1.能够认识长方形、椭圆形、半圆形、梯形，知道其名称和基本特征，并且能进行分类。

2.能够通过画、拼搭等形式进行图形造型。

（三）大班幼儿认识形状活动的目标设计

1.能够认识并说出球体、正方体、圆柱体以及长方体的名称和基本特征。

2.能立即区分平面图形和立体图形。

3.能够对形状进行具有创意的组合。

三、幼儿认识形状活动的实施

生活中充满了形形色色的物体，且大部分都以立体的形态存在，幼儿对生活中这些图形的认识起初是十分笼统的，他们很难分清图形的具体形状、特征以及图形之间的关系。为此，教师需要采用一定的方法，帮助幼儿认识不同的图形。

（一）通过视、触觉等感知觉认识图形的基本特征

观察和触摸是儿童认识图形的最初方法。为了更为直观地体会图形的不同特征，教师可以选择生活中与所要教学的图形接近的物体，让幼儿观察和触摸。首先，让幼儿观察两三个物体的特征，说一说他们在生活中还看到过哪些类似的形状；其次，让幼儿通过摸一摸来感受图形的角、面或者曲面；再次，根据这些图形的特征，告诉幼儿每一种图形的名称；最后，让幼儿理解图形的守恒。

（二）通过比较、分类等方法认识图形的基本特征

比较、分类的方法可以有效地帮助儿童区分图形的不同特征。

1. 平面图形的比较

教师可以用重叠的方法进行比较，找出图形的特征，然后根据它的特征进行教学。

2. 立体图形的分类

教师可以为幼儿准备一些大小、形状、颜色不同的立体图形，然后让幼儿在这些立体图形中找到与给出的名称相符的图形，并且将这些图形分类、摆好。

3. 立体图形与平面图形的比较

在学习平面图形的基础上，让幼儿找到能够构成几何体的面的平面图形，如区分正方体和正方形。教师要引导幼儿一起发现正方体与正方形的关系，即正方体是由正方形构成的。

（三）通过图形的分割和组成认识图形之间的关系

对图形进行分割和组合，能够很好地帮助儿童进一步认识图形之间的关系。比如，教师可以提问"一个正方形可以分成哪些形状""一个圆形可以剪成哪些图形""用 2 个三角形、4 个正方形或者 3 个长方形可以组成什么图形"等，同时注意教学内容要由简到繁，即先等分，再不等分，然后分割，最后组合。

（四）利用游戏或操作活动加深幼儿对图形特征的认识

游戏或者其他操作类活动能够很好地帮助幼儿加深对这些图形的认识，比如按名称找图形，用图形卡片或者积木拼搭楼房、汽车、小人等图形；图形盖章游戏，图形的连线、裁剪、粘贴、手撕等。

四、幼儿认识形状活动的案例及评价

制作正方体（大班）

【活动目标】

1. 在操作中感知正方体的特征，能够理解三维图形和二维平面图形的关系。

2. 体验合作和探索的乐趣。

【活动准备】

1. 材料准备

泡沫垫若干、骰子（正方体）、餐巾纸盒（长方体）、杯子（圆柱体）。

2. 经验准备

请家长借助家里的常见物品帮助幼儿感知不同图形的特征。

3. 环境创设

创设"生活中的常见物品"图画展。

【活动过程】

1. 实物演示，辨认正方体

（教师出示实物，如骰子、餐巾纸盒、杯子等道具）

教师："请小朋友们一起找一找这些物品中哪些是正方体的。"

（教师向幼儿解释正方体的特征，正方体有 6 个相同的面）

2. 通过亲手制作正方体，感知其主要特征

教师："我们已经对正方体有了一些了解，那么现在让我们自己动手做一做

正方体（教师给每个幼儿分发泡沫垫），请小朋友们说一说你看到的正方体都有哪些特点，你将如何用这个泡沫垫制作正方体？"

（教师出示泡沫垫，让幼儿自己尝试制作正方体）

教师："我们已经成功制作了正方体，除了正方体有 6 个面外，小朋友们还有哪些发现？"

（引导幼儿说出正方体有 6 个面，无论从哪一个面看都是正方形）

3. 制作大正方体，深入了解正方体的属性特征

教师："下面请小朋友们两两合作，一起制作正方体，要求把正方体变得更大一些。"

（教师出示完整的小正方体，边演示边提问：正方体有几个面？ 6 个面大小怎样？ 都是什么形状？）

4. 观察讨论幼儿制作的正方体

让幼儿相互观察彼此制作的正方体，并提问：这个图形为什么不像正方体？ 6 个面的大小、形状一样吗？

（请幼儿继续将正方体完成。）

教师出示完整的正方体，提问："和原先的正方体比较，是否变大了？ 怎么把它变大的？ 用几块垫子拼成一个正方形？ 每一面都一样大吗？ 看不见的一面用了几块垫子？"

【活动延伸】

教师继续抛出问题，让幼儿继续探索，例如"如果给你更多的垫子，你能不能做一个更大的正方体，你会怎么做""生活中还有哪些物品是正方体的""你还可以用什么材料制作正方体"，让幼儿在疑问和发现中进一步提高对正方体的认识。

【活动评价】

儿童对图形的认识不仅可以依靠感知过程来实现，还可以通过视觉和触觉的联合活动，并借助语言表达来实现。多种感官的协同活动能促进儿童建构起对图形的更准确的认知。在本次活动中，教师为幼儿提供了熟悉的材料，让幼儿通过切身的操作来感知和探索"正方体"的特征。活动内容紧凑，环环相扣，

教师可以根据幼儿的实际情况进行相应的教学调整，使每个幼儿都能真正地参与到活动中去，感受学习数学知识的快乐。

第五节　认识空间活动的设计与实施

一、幼儿空间表征发展的特点

（一）仅能掌握基本的方位概念，对方位相对性的理解能力较差

空间认知能力主要指个体对物体的空间关系、对自己所在空间的认知。而幼儿仅能掌握基本的方位概念，比如上下、前后、左右等。方位概念具有相对性，方位关系会随着某一个参考点的变化而变化，这对幼儿来说是难以理解的。

（二）先辨别上下，再辨别前后，最后辨别左右

幼儿对方位前后顺序的认识是由他们身体的垂直位置决定的。个体对空间的初步认识是以自身为中心的，身体的移动不会改变方位的上下关系，故幼儿通常会先认识上下。而对前后的判断，幼儿可以依照自己的头的朝向进行，但这种情况下，左右两个方位具有一定的可变性，会随着参照物的变化而变化，因而对幼儿来说是最难的。一般情况下，3周岁儿童能够辨别上下，4周岁儿童能够辨别前后，5周岁以后的儿童能够辨别左右。

（三）对空间的认识从以自我为中心，逐渐发展到以客体为中心

幼儿在感知空间关系时，首先会以自身为参照，他们通过用身体与外物进行对比的方式判断方位关系。其次，会以客体为中心，从某一客体的角度出发来辨别其他客体的方位。幼儿以客体为中心辨别上下、前后是比较容易的，5～6周岁的幼儿也只能辨别以自我为中心的左右方位。

二、幼儿认识空间活动的目标设计

（一）小班幼儿认识空间活动的目标设计

能感知物体的基本空间位置，辨别上下方位。理解并尝试使用上下、前后、里外等词语。

（二）中班幼儿认识空间活动的目标设计

能够以自身或以客体为中心，辨别事物的上下、前后、里外、旁边等方位。学会使用上下、前后、里外、旁边等词语，描述物体的空间位置和运动方向。试着理解物体前后位置关系的相对性。

（三）大班幼儿认识空间活动的目标设计

能够准确地以自身或客体为中心辨别事物的上下、前后、里外、旁边等方位。能够辨别以自身为中心的左右方位。能正确使用上下、前后、里外等方位词。

三、幼儿认识空间活动的实施

幼儿空间表征发展过程可归纳为三大循环发展体系，即自我中心参照体系、固定参照体系、协调性参照体系。下面将根据这三个方面对幼儿的空间教学进行分析。

（一）以自我为中心的空间教学

培养儿童的空间方位感基本是从引导幼儿认识自己的身体所处的方位开始的。比如对小班幼儿来说，前面就是自己的脸，后面就是自己的背；对大班幼儿来说，左边的手就是左手，右边的手就是右手。因此，教师在教学过程中要充分利用这一点，将幼儿对身体部位或者身体动作的感知与相关的方位词联系起来，比如"你面前有什么""你的左右在做什么"等，使幼儿逐渐理解方位词的具体含义。在幼儿能够基本辨别与身体部分相对的方位后，教师可进一步引导幼儿感知身体这个整体在空间中的方位关系，比如向幼儿演示，"我（教师）的前面是窗户，你的前面是什么"，一边说一边用手指前面的物体，让幼儿能够基本理解在同一空间内不同的方位的概念（教师和幼儿"前面"的物体不同）。

（二）以客体为中心的空间教学

幼儿以客体为中心，即以固定的参照物为中心辨别不同方位。这里主要应用的是演示法，具体步骤是：教师可以为幼儿设置一个方位场景，比如在空地上按照前后、左右、里外的空间方位摆放一些玩具或物品，然后问幼儿"小熊的前面是什么""书的上面是什么""盒子里装了什么""盒子外面有哪些东西"等。此外，在进行这种空间教学时可以融合一些故事情节、音乐或者借助游戏等形式。例如"贴五官"，教师准备一张没有五官的脸的图画，然后选出一名幼儿蒙住眼睛，手拿五官，其他儿童在旁边用"向左、向右、向上、向下"等词语指挥。例如"反正话"，教师发布方位指令，如"摸一摸左手""向后走一步"等，然后幼儿做相反的动作。游戏可以很好地调动幼儿学习的积极性，教师可以自创游戏，自然地将方位概念融入游戏活动，这样幼儿就可以在模仿、参考的过程中逐渐理解方位的概念。

（三）以外部环境为参照的空间教学

幼儿主要是通过以自我为中心的参照体系来进行空间推理和判断的，但在他们比较熟悉的环境中，也有可能借助外部环境来判断空间关系。

四、幼儿认识空间活动案例及评价

我的左边和右边（大班）

【活动目标】

1. 能够以自身为中心区分左右，发展幼儿的空间观念。
2. 能比较准确地说出物体所在的"左""右"方位。

3.能够在与同伴的交流中感受学习的乐趣。

【活动准备】

1. 材料准备

记号笔、铅笔、橡皮、红彩带、蓝彩带、毛绒玩具两个。

2. 经验准备

请家长在生活中为幼儿建立基础的方向感。

3. 环境创设

请幼儿在学习过程中不要混乱地站着或坐着,创设一个整齐并且能区分左右空间概念的环境。

【活动过程】

1. 谜语导入

教师:"小朋友们好!今天老师给小朋友们带来了一个谜语。"

一棵小树五个杈,不长叶子不开花。

从早到晚不讲话,写字画画不离它。

(谜底:手)

教师:"我们每个人都有两只手,一只左手,一只右手,你能分清自己的左、右手吗?好,请举起你的右手。"

(小朋友们举起右手)

教师:"用你们的右手跟我打打招呼。"

2. 认识左、右手

教师:"这是我们的右手,那你知道右手能干什么吗?"

(教师举起右手提问,并以同样的方式教幼儿认识左手)

教师:"让我们用自己的左、右手彼此问好吧。"

(引导幼儿分别用左、右手打招呼,并说"你好")

教师:"手可以帮助我们做很多事情,所以很重要,小朋友们一定要保护好自己的手。"

教师:"现在大家都能很好地分清自己的左、右手了,我们来做一个游戏,游戏的名字叫作'你说我做'。"

口令内容如下（教师一边念儿歌，一边引导幼儿跟着口令一起做动作）：

举起右手摇一摇，举起左手握拳头。

右手变成小剪刀，左手放在头顶上。

3. 区分左、右

教师："那你们知道我们的身体中除了手，还有哪些部位有左右之分呢？"

（引导幼儿发现身体部分的左右特征，如"左眼、右眼，左耳、右耳，左腿、右腿"等）

请踢踢左腿，请摸摸右耳。

请抬起右脚，请遮住左眼。

……

4. 巩固游戏

教师："下面我们来做一个更好玩的游戏，好不好？"

（教师把游戏道具绑到幼儿的手、腿上）

教师向幼儿讲解游戏规则：

小朋友分两次进行游戏，每次游戏前，教师可以让所有幼儿手拉手围成圆圈，边走边和其他小朋友一起说"迷迷转，迷迷转，大风来了快快转"，听到教师说"大风来了"，转圈的小朋友要立刻站好，即听教师的口令并做动作。

（玩游戏时，第一次教师说口令：请右脚绑蓝丝带的小朋友举起右手，请左手拿记号笔的小朋友抬起左腿，请左手绑红丝带的小朋友向前一步，等等。第二次游戏时，请个别小朋友说口令，其他小朋友一起做动作）

【活动延伸】

教师："'左、右'跟我们的生活息息相关。今天我们已经能够分清'左、右'了，回家去考考你们的爸爸妈妈，好吗？"（活动结束）

【活动评价】

认识"左""右"对幼儿来说是比较难的，因此在大班开展相关教学活动最为适宜。而根据幼儿空间知觉发展的特点，认识"左""右"的教学活动应该结合幼儿的身体动作进行，并以他们自身为中心。整个活动始终以幼儿自身为中心，先通过手的动作认识左右，再通过身体的动作加深对左右的理解，最后通过"迷迷转"等游戏加深认识，增加了活动的趣味性，使幼儿在玩乐中逐渐纠错，帮助幼儿正确认识左右方位。

第六节　认识时间活动的设计与实施

一、幼儿时间知觉的特点

（一）幼儿的时间知觉发展水平较低

幼儿的思维特点导致他们很难理解这种没有直观物体作为参照的时间概念，他们对时间的知觉要依靠生活经验，直到幼儿中期才能初步辨别如"今天""昨天""明天"等时间概念。

（二）幼儿时间概念的形成依赖生活活动

幼儿初期虽然已经形成初步的时间概念，但这种时间概念是建立在生活活动的基础上的，比如"早晨"是指起床的时候，"中午"是指睡午觉的时候。

（三）幼儿经常出现错用时间词的现象

在幼儿的日常对话中，经常会出现一些错用时间词的现象，因此幼儿往往不能准确地表达他们的实际想法。比如，有的孩子会说"今天我 3 岁了"，其实他是想表达"我今年 3 岁了"的意思。这种现象是比较常见的。

（四）幼儿的时间知觉表现出明显的差异性

受个体知识、经验以及能力的影响，幼儿对时间的知觉有明显的差异性。但随着他们知识经验的不断积累，以及年龄的增长，这种差异性会逐渐减小。

二、幼儿认识时间活动的目标设计

（一）小班幼儿认识时间活动的目标设计

能够初步区分和理解早晨、中午、晚上、夜晚，并尝试在生活中运用这些词语。

（二）中班幼儿认识时间活动的目标设计

能够区分和理解昨天、今天、明天，并在日常生活中积极使用这些词语。

（三）大班幼儿认识时间活动的目标设计

知道一个星期有七天和这七天的名称、顺序，能够尝试说出昨天、今天、明天分别是星期几；认识钟表及其用途，学会看整点和半点，知道时针和分针的名称和旋转规律。

三、幼儿时间教育活动的实施

通过以上介绍，我们了解了幼儿时间知觉的发展特点以及幼儿在各年龄阶段认识时间的教学目标，而幼儿园进行时间教育的方法和途径是多种多样的，下面我们进一步了解幼儿时间教育活动是如何组织与实施的。

（一）日常生活中的时间教育

1.通过日常对话提高幼儿的时间感知能力

日常生活是幼儿进行时间教育的重要途径，幼儿对时间的感知往往需要借助生活情境，教师可以在入园、离园或者活动过渡时间，通过对话的方式提高幼儿对时间的感知能力。比如，提出并引导幼儿回答"昨天谁没来""星期日我们不用来幼儿园""中午我们要睡午觉"等问题。

2.经常运用时间词强化幼儿对时间的认识

在日常的对话中，教师要注意使用时间词，比如"告诉我昨天上午你做了什么""我们昨天去了哪里"等，让幼儿感受到教师让其做某事或回忆某事的时间点，从而强化他们对时间的认识。

3. 丰富环境创设中有关时间的素材

环境创设中的时间元素可以使幼儿感受到时间这一概念，比如在活动区明确标注进入时间和活动时间，在宣传海报上的显著位置标出某一活动的具体时间，或者把时钟模型摆放到活动区域中供幼儿摆动等。

（二）教学活动中的时间教育

1.认识时钟，学会看整点、半点

认识时钟是大班时间概念教学的一个重要内容。在教学中，我们可以让幼儿说一说时钟的功能、特点、种类，看一看钟面结构；说一说有哪些数字以及指针的区别；说一说整点和半点，最后通过亲自操作体会时间的变化。

2. 在游戏中增加有关时间的内容

游戏可以充分调动幼儿的积极性，同时也是幼儿时间教育的重要途径，比如"老狼老狼几点了""开火车""娃娃家"等游戏，都可以让幼儿在玩乐中自然地掌握各种时间概念。

四、幼儿认识时间活动的案例及评价

认识时钟（大班）

【活动目标】

1. 了解钟面的主要结构，知道时针、分针的运转规律。
2. 学会看整点和半点。
3. 增强时间观念，体验游戏的快乐。

【活动准备】

1. 材料准备

课件、大钟、幼儿每人一个小时钟、实物投影仪、幼儿分组操作材料、大灰狼头饰等。

2. 经验准备

对时钟有一定的知识经验，并了解幼儿园一日活动的各个环节。

3. 环境创设

在学习区域摆放多种时钟，帮助幼儿及时地观察时间。

【活动过程】

1. 谜语引题，激发兴趣

教师："小朋友们，我们先来猜一个谜语。"

有方也有圆，指针告时间。

响声十二下，开始新一天。

（谜底：时钟）

教师："小朋友们都好聪明。时钟是我们的好朋友，可以提醒我们现在是什么时间，应该做什么事情了，我们的生活少不了它。"

2. 实物操作，认识时钟

教师："钟面上都有哪些东西？有哪些数字？数字的排列有规律吗？长针叫什么？短针叫什么？"

（教师一边讲解，一边拿着钟表演示）

教师："钟面上有按一定顺序排列的 1 ~ 12 的数字，长针叫分针，短针叫时针；时针比较粗，分针比较细；分针走得快，时针走得慢；分针跑一圈，时针走一格或者一个数字，这就是一个小时。"

3. 学习整点和半点

教师："小朋友们，老师要问你们，你们听说过什么是整点，什么是半点吗？"（教师调整闹钟）

教师："为什么闹铃会响呢？"

（引导幼儿说出整点报时）

小结：分针指在 12，时针指向几，就是几点整。

教师："那什么是半点呢？"

（让幼儿自由讨论）

小结：当分针指向 6 的时候，时针指向两个相邻的数字中间，时针刚走过几，就是几点半。

4.观看课件"我的幼儿园半日生活"

小结：小朋友们每天都要做很多事情，而且你们马上就要上小学了，会有更多的学习任务，我们可以请时钟帮忙，提醒我们做好每天该做的事情，按时起床、准时睡觉。让我们一起做一个守时的好宝宝吧！

【活动延伸】

1.游戏体验

复习巩固。

2.游戏名称

"老狼老狼几点了"

3.教师讲解游戏规则

"老师当老狼，小朋友们当小羊。老狼出示时钟，请小羊说出时间。老狼说几点时，小羊就把手上的时钟拨到几点。小羊拨好了钟就停下来，请老狼看时间。如果拨错时间，可能会被老狼吃掉哦！"

【活动评价】

《纲要》指出科学教育的目标是"对周围的事物、现象感兴趣，有好奇心和求知欲，能用适当的方式表达、交流探索的过程和结果"。在活动中，教师将幼儿在园的一日生活作为认识时钟的途径，使幼儿充分感受时钟对学习、生活的重要意义，真实体会到时钟就在生活中，从而激起幼儿的学习兴趣和学习动机，使幼儿主动去探究新知。在活动中，教师为幼儿提供操作的机会，让幼儿根据自己的兴趣分组并以组为单位合作完成学习任务。幼儿根据自己的认知经验和刚学到的知识进行操作，体验到成功的乐趣。

实践活动

活动一：认识序数

【活动目的】

1. 初步感知序数。
2. 培养边操作、边叙述的习惯。

【重点】

使幼儿明白数字可以表示位置，初步了解序数的概念。

【难点】

能够主动使用序数或是对大人使用的序数具有敏感度。

【材料准备】

1. 一个七层楼的房子模型、小红旗、火车模型。
2. 1～7的数字卡片。
3. 七个动物玩具。

活动二：分一分

【活动目的】

1. 能够根据物品的颜色匹配同样颜色的房子。
2. 体验数学集体游戏的快乐。
3. 培养边操作、边叙述的习惯。

【重点】

能够将相同颜色的物品进行匹配。

【难点】

养成学会区分和分类同颜色物品的习惯。

【材料准备】

1. 各种水果卡片。
2. 红、黄、绿三种颜色的房子各一个。

知识巩固

1. 简述各年龄段幼儿时间概念教学的目标。

2. 结合本模块所学知识设计一个能够帮助幼儿认识空间的数学教育活动。

【参考答案】

1. 简述各年龄段幼儿时间概念的教学目标。

小班：能够初步区分和理解早晨、中午、晚上、夜晚，并且尝试在生活中运用这些词语进行表达。

中班：能够区分和理解昨天、今天、明天，并且在日常生活中积极应用这些词语。

大班：知道一个星期有七天和这七天的名称、顺序，并且能够尝试说出昨天、今天、明天分别是星期几；认识钟表及其用途，学会看整点和半点，并且能够知道时针和分针的名称和旋转规律。

2. 结合本模块所学知识设计一个帮助幼儿认识空间的数学教育活动。

答案略。本题无标准答案，言之有理、结构标准即可。

模块七　幼儿园科学教育活动评价

教育评价是幼儿园科学教育工作的重要组成部分，是了解科学教育的适宜性、有效性，调整和改进工作，促进幼儿发展，提高科学教育质量的必要手段。在幼儿园科学教育工作中，如何保证科学教育活动的质量是每个教师关心的问题。对幼儿园科学教育活动进行评价，有利于幼儿园科学教育活动目标的实现，有利于充分调动各方面的积极性，有利于全面提高幼儿园科学教育活动的质量，从而更好地促进幼儿科学教育的发展。本模块将从幼儿园科学教育活动评价的含义、基本原则、内容和方法等方面进行讲述。

本模块的思维导图如图 7 所示。

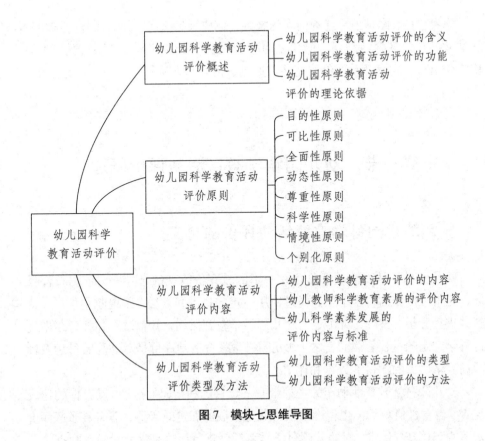

图7 模块七思维导图

案例引入

　　小毛已经适应了幼儿园的生活与学习，每天都兴致勃勃地去幼儿园，回家之后也会给爸爸和妈妈讲述今天幼儿园发生了什么好玩的事，以及给爸爸和妈妈展示今天自己学会了什么。但是小毛的爸爸在听小毛数数的时候突然产生了疑问，于是在接小毛回家的时候，小毛爸爸问老师："每天听孩子回家讲他学到的知识是能感觉到他的进步，但是我们总是不能清晰地把握他每天都掌握了什么新知识，也没法帮助他进一步巩固，这个问题怎么解决呢？"老师听后为小毛爸爸提供了专业的解决方案，小毛爸爸也觉得满意且安心。

思考：如果你是小毛爸爸询问的教师，你应该怎么回答他？教师应该如何从幼儿园科学教育活动评价的角度为家长说明孩子的学习与活动状况？本模块将介绍科学教育活动评价的概述、原则、内容与方法等。

第一节　幼儿园科学教育活动评价概述

一、幼儿园科学教育活动评价的含义

幼儿园科学教育活动评价是在一定的教育价值观的指导下，依据教育目标，运用可操作的科学手段，通过使用一定的技术和方法，系统收集信息、资料并进行分析、整理，对实施的幼儿园科学教育活动、教育过程和教育结果进行科学判定的过程。简而言之，幼儿园科学教育活动评价是对幼儿园科学教育活动质量所做的测量、分析和评定。

幼儿园科学教育活动作为一种带有一定目的和指向的活动，其目标的达成与否、教育价值观的体现程度以及对儿童发展的促进效果等，都需要通过评价来落实和体现。因此，对幼儿园科学教育活动进行评价是学前科学教育理论工作者和实践工作者共同关注的重要课题。

幼儿园科学教育活动评价是幼儿教育评价中的重要组成部分，也可以理解为一个收集科学教育活动相关方面的信息并依据一定的客观标准或评价者的立场、观点，对活动过程诸要素及活动效果进行衡量、判定或赋予其价值意义的过程。它涉及对科学教育活动的目标，教材内容，活动过程、形式与手段，环境与材料以及活动效果等的评定。同时，科学教育活动的过程是由教师与幼儿共同参与和相互作用的过程，充满了动态性、多变性、偶然性和潜在性，这使科学教育活动的评价更具有挑战性。

二、幼儿园科学教育活动评价的功能

幼儿园科学教育活动评价具有如下功能：

（一）诊断功能

通过对收集到的信息与资料进行整理分析，了解与发现评价要素。如科学教育活动方案、课程计划、教师工作、教学方法、儿童学习活动等存在的问题。

（二）改进和形成功能

评价对幼儿园活动中的科学教育计划、课程方案以及教学方法、教具、环境等的设计、改进和形成具有积极作用。

（三）区分优良和分等鉴定功能

借助评价，评价者可以区别或鉴定幼儿园、活动方案或个体（如教师、儿童）等对象的科学学习方法所达到的水平，确定其有无价值与价值的大小，衡量其是否达到了应有的标准，是否能实现它的预期目的和任务。

（四）导向功能

在评价活动中，评价者应根据一定的幼儿教育价值标准，或以国家和社会的价值需要为准绳，设计并制定一套评价标准，通过比照标准，采取相应的措施，促使儿童更好的朝目标努力，以达到理想的科学教育发展目标。

（五）激励功能

对幼儿园科学教育活动而言，教育评价不仅会激励儿童，还会激励教职员工。一方面，各种评价有助于激发儿童的成就动机，使他们追求好的评价结果，激励他们全力以赴做好每件事情；另一方面，评价也在激励教职员工为促进幼儿发展创造更好的条件和成长环境。

总之，在幼儿园科学教育活动实践中，教育评价具有非常重要的作用。合理的科学教育活动评价对提升科学教育活动质量，促进幼儿学习和幼儿教师的专业化发展有着十分重要的意义和影响。但是，评价又是一把双刃剑。评价的原则、内容以及评价的方法、技术等都影响着评价对教育活动的导向作用。评价目标不明、评价理念含混、评价标准不统一等都会使评价成为教育活动质量提升和师生发展的阻碍。

因此，在幼儿园科学教育活动中开展怎样的教育评价，如何把握评价的原则，怎样科学评价每个儿童的科学教育发展，是一个十分重要的问题。

三、幼儿园科学教育活动评价的理论依据

美国心理学家罗伯特·S. 费尔德曼和霍华德·加德纳在中文版《多元智力理论与学前儿童能力评价》一书的序言中再次批评了"对教育成功与否的评价过分地依赖于心理测试和标准化测量，把标准化学业课程和具有同样倾向的标准化测验推向学前教育"的倾向。并指出："在过去，教育系统成了筛选机器。它持一个标准，并看谁适合这个标准才让谁受教育。而现在我们的目的是让每一个儿童都受教育。这就需要一种完全不同的方法，让教育去适应每一个儿童的水平，并让他们得到最大限度的发展。"他们倡导"教育的这一重新定位""把评价学习的方法以自然的（也是系统的）方式融入幼儿园教室里每天的日常活动中"。因此，科学的教育评价必须是在科学、先进的理论的指导下进行的。影响幼儿园科学教育活动评价的理论大致有以下两种。

（一）建构主义

建构主义理论告诉我们：

应创建一种开放的、积极互动的学习文化，以帮助学生克服学习的惰性，增强学生学习的动力，促进知识的迁移。

每个学习者都不应该等待知识的传递，而应基于自己与世界相互作用的独特经验去建构自己的知识体系。

课程与教学的改革应基于学科，超越学科，面向真实的世界；始于课程，走出课堂，融入复杂的社会。

"教"与"学"应基于内容的真实性与复杂性。

基于此，建构主义教育评价观主要有：

目标自由的评价。以真实任务为标准的评价，努力使教育更加关注真实任

务的完成。以知识的建构为标准的评价，鼓励学习者积极参与知识的建构。以经验的建构为标准的评价，更重视知识的建构过程而不是结果的评价，同时注意有效评价跟教学的整合。情境驱动的评价，评价的标准应源于丰富而复杂的情境。依靠学习背景的评价，设计者和评价者必须考虑学习发生的背景。评价标准多元化，形态多样化等。

（二）多元智能及成功智能

多元智能学说试图促进以往被忽视的智能的开发，充分发掘每个人身上隐藏着的巨大潜力。

成功智能学说认为，成功智能包括分析性智能、创造性智能和实践性智能，这三种智能的协调与平衡是提高人的创造力并促使人在生活中成功的保证。

第二节　幼儿园科学教育活动的评价原则

科学教育活动评价的原则就是人们在科学的评价理论的指导下，对幼儿园科学教育活动评价规律的认识，是指导我们进行科学教育活动评价的行动准则。

一、目的性原则

目的性原则是指在进行幼儿园科学教育活动评价时，必须要有明确的指导思想和出发点。科学教育评价的根本目的在于提高幼儿园科学教育活动质量，促进幼儿全面和谐发展。幼儿园教育活动是一种有计划、有目的的教育过程，而幼儿园教育活动评价是幼儿园教育活动的一个主要组成部分，所以幼儿园科学教育活动评价一定要有目的、有计划。促进每个幼儿全面和谐发展是幼儿园教育活动评价的依据和出发点。无论是对幼儿园科学教育活动环境的评价，对幼儿学习活动态度与效果的评价，还是对幼儿教师组织实施科学教育活动能力的评价，都必须围绕促进幼儿全面和谐发展这一依据和出发点。

二、可比性原则

可比性原则是指在一定的范围内，比如一个地区、一个市（州）、一所幼儿园内，进行幼儿园科学教育活动评价时，要有统一的评价标准，使本范围内的幼儿园科学教育活动都能根据这个标准进行评价，并将横向比较和纵向比较相结合。贯彻可比性原则，必须对幼儿园科学教育活动的各方面提出具体、明确和可以检验的标准，并使指标尽量量化。在评价过程中，既要进行对象之间的横向参照性评价，也要重视对某一对象在时间纵轴上的发展趋势评价。从横向比较评价中分析评价对象的个性特质，有助于评价者识别并培养个体特色，因材施教，促进个体个性化发展。在纵向比较评价中，评价者要看起点基础、看发展进步、看提高幅度和发展趋势。

三、全面性原则

全面性原则是指对科学教育活动进行评价时，要采取全面的评价标准，全面收集评价信息以保证评价工作的科学性、准确性。一方面，要注重评价标准的全面性，评价标准要全面、充分地反映科学教育活动目标，以免因幼儿园科学教育活动评价时重此轻彼，而引起科学教育活动中各目标要素的失衡。例如，全面评价幼儿的科学知识水平，即评价的内容应反映幼儿整体的科学知识水平，而不是只评价浅层认知层面上的能力水平。要防止评价内容只关注教学或课程的片面化倾向；要保证评价的视角更全面，关注对幼儿的学习兴趣、态度、情感、交往、学习风格、学习习惯、自理能力、遵守规则等多方面的考察和评价。另一方面，要注重评价过程中收集的信息的全面性，要从信息来源的多渠道、评价者的多层次等方面把握信息，以免做出片面和武断的评价。比如，评价的渠道应体现全面性和多样性，即评价者既可以通过在日常活动中采用观察、记录、交流等方式对教育活动中的教师和幼儿进行评价，也可以把来自家庭、社区等渠道的信息作为一种评价途径，树立"管理人员、教师、幼儿及其家长均是幼儿园教育评价工作的参与者，评价过程是各方共同参与、相互支持与合作的过程"的评价理念，而不是像以往那样，家庭和社会不参与评价，只接受来自幼儿园教师对幼儿做出的评价。

四、动态性原则

在动态评价中，被评价者能够接受评价者给予的暗示，也能获得来自其他方面的支援，于是评价过程和学习过程成为一体。同时，借助他人所给的暗示和支援，评价者可以及时发现和分辨被评价对象的反应形态——是得到促进还是受到抑制，是有所领悟还是消极抵触。这种反馈信息又反过来提供评价反馈，修正评价行为。因此，动态评价原则要求我们把教育活动评价看成一个持续循环的过程，正确认识评价包含的已有发展和潜在可能，在真实情境的社会互动中推进动态评价，为评价对象提供可以接受的支持和援助，让动态评价反映教育活动中评价对象的不同变化和成长历程。

五、尊重性原则

尊重性原则是指在教育活动评价过程中应充分体现对被评价者的尊重，无论是对幼儿的评价，还是对活动中教师的评价都应当坚持客观、公正的态度，同时以激励、发展与正面肯定为主，帮助教师或幼儿发扬优点，弥补不足。尤其是行政管理者对科学教育活动中教师行为的评估和鉴定，更要体现尊重和鼓励的原则，因为评价的目的不是甄别和选拔。评价者应善于发现、充分肯定教师在科学教育活动中的成功和创新之处，也可以让被评价者（教师）一起参与评价，从而激励其主动进行科学教育活动后的自我反思，加强对科学教育活动的调整和再探究。因此，科学教育活动评价应该使评价者和被评价者之间建立起平等关系，使评价更好地体现出客观性、公正性，以达到通过评价促进科学教育活动改革和提高科学教育活动质量的目的。

六、科学性原则

科学教育活动评价的科学性原则要求评价者在实施评价的过程中，不能单凭主观经验或直观感觉来评定和判断科学教育活动的质量和幼儿发展水平，必须采用科学合理的评价方法、手段和工具展开评价。科学性原则首先体现在评价展开之前，评价者应对评价的对象、内容以及评价的依据进行认真的考虑，应当明确为什么要评价、满足什么需要、解决什么问题、应当收集哪些方面的信息和数据、要采用哪些测量或评估手段、在什么时间和场地进行评价等一系列问题，即充分做好评价前的准备；其次，科学性原则还体现在评价的实施过程中，评价方法和手段要有与评价内容相当的科学化标准，能方便评价者的合理操作和实施；最后，评价者必须综合考虑教育活动中各因素的相互关系和作用，从静态和动态两个方面进行评价，既考虑量化的评价指标，又体现对质性评价手段的运用。

七、情境性原则

由于科学教育活动是在特定的环境与背景下，因不同的个体参与而发生的，所以对科学教育活动的评价不可能脱离其特定的情境性。脱离了具体和特定的情境，对活动中的各项内容和要素的评价往往就会变成标签式、等级式的简单评价。在科学教育情境中，评价也就是把获得的儿童学习的科学知识与评价标准进行比较并做出判断和决定的过程。评价者应当跟踪幼儿的真实生活和学习情境，观察与记录他们在实际情境中的参与、操作、实验、交流、合作、态度等方面的状况并进行分析和评价。情境性原则更关注幼儿的学习过程而非学习结果，更强调评价的过程性、现场性和即时性。

八、个别化原则

幼儿作为一个发展个体，全面性和个性是其发展的两个不同方面。教师既要全面关心幼儿群体的发展，也要关注幼儿作为独立个体的发展需要和潜力。因此，科学教育活动评价既要关注幼儿在科学领域的全面发展，也要关注幼儿在某一方面的突出表现和潜在能力，为其个性化发展留有空间。在科学教育活动评价实施中的个别化原则是指评价者应当从幼儿的不同潜能和个性出发制定评价手段和方式，如以"幼儿成长档案记录袋"的形式，既能记录、评价幼儿现有的科学能力水平，又能了解幼儿的成长过程和发展方向。此外，个别化原则还指评价者应当遵从幼儿的个体差异，根据评价的实际情况，在活动的一定情境范围内，针对不同的幼儿选取不同的观察着眼点。

第三节　幼儿园科学教育活动的评价内容

一、幼儿园科学教育活动过程的评价

幼儿园科学教育活动的评价内容包括以下几个方面：对幼儿园科学教育要达成的目标及最终的效果、科学教育课程的内容、实施科学课程所采取的方式方法、能使用的教育资源、师生互动等方面的评价。

（一）对目标的评价

1. 目标是否分类合理可自然衔接

要依据幼儿的生理、心理发展特点制定活动的长期目标与短期目标。如何将长期目标分解成短期目标？可按照年龄阶段分别制定年度目标，将年度目标分解成月目标或者周目标。此外，还需要确定活动目标是否与学期目标、年龄段目标一致。

2. 目标是否具有适宜性与灵活性

目标是否与本班的实际情况一致。本班的实际情况包括多方面内容，如性别比例、有无个性特征特别鲜明的幼儿等。教师要根据本班的实际情况对目标进行合理的调整。

3. 目标是否具有全面性与侧重点

科学经验目标包含幼儿通过参加活动能够获得的粗浅经验；科学方法目标是指在活动过程中，幼儿可以学会观察、实验、操作、信息交流等科学方法，并实现观察能力、动手能力、表征能力、创新能力的发展；科学情感目标是指设计的活动能够激发幼儿热爱科学的情感，能够使幼儿关心动物、植物和环境，能够激发幼儿的好奇心和求知欲。科学活动目标应尽量涵盖以上三个维度的内容，但不是平均分配，而是有所侧重。

（二）对内容的评价

内容是否与目标一致；是否符合科学性要求；是否符合时代性要求；是否具有开放性；分量是否合适；设计的活动内容的来源是否考虑了幼儿的原有生活经验。内容与目标一致时，选择的内容应该为目标服务，内容应该围绕目标而展开，不能游离于目标之外。游离于目标之外的内容会削弱教学效果，导致幼儿思维混乱。

（三）对方法的评价

科学教育活动是否采用了多种方法和组织形式；方法是否能促进幼儿思维水平的提高；活动过程中是否考虑了因材施教；分组时，是否考虑了人际关系以及情感因素。

（四）对活动结构的评价

结构是否严密，包括活动设计是否与以前设计的活动有很好的承接关系；是否能有效利用时间，因为从目前来说，各个幼儿园对科学教育不太感兴趣，所以给予科学教育的时间有限，这就需要幼儿教师合理安排时间；结构是否合理，每个步骤是否有效或者与其他步骤衔接得如何；等等。

（五）对教育资源的评价

是否能够充分利用并整合幼儿园现有的资源；是否能够充分利用社区现有的资源开展园外科学教育活动；现有资源是否有利于活动的展开；学具是否便于幼儿操作，比如在进行手工制作类活动时，能否为幼儿提供合适的工具，不致损害幼儿的健康；能否最大限度地发挥教具、学具的功能；等等。

（六）对师生互动的评价

是否正确发挥了教师的主导作用；是否能够为幼儿提供一些帮助，包括语言方面的帮助，知识方面的帮助与支持；是否能够把握活动的节奏，让所有的幼儿都能在活动中获益；幼儿之间是否有交流的机会；是否创造条件使幼儿成为学习的主体；等等。

二、幼儿教师科学教育素质的评价

教师是幼儿活动的参与者、指导者与支持者。幼儿在科学活动中是否掌握了一些科学的初级概念，与教师的指导、引导和支持密切相关。这里的支持既包括科学基础知识方面的支持，也包括对幼儿的科学探索能力和精神的培养。教师要想有效地指导幼儿的科学学习活动，自己必须首先具备一定的科学素养。科学的思考能力、反思能力是幼儿教师应具备的专业素养。幼儿教师引导幼儿进行科学探索，目的不只是让幼儿获得一定的科学知识、科学经验，重要的是使幼儿在进行科学探索的过程中提高思考问题的能力。幼儿教师不仅自己要有一定的思考、反思能力，还要培养幼儿思考问题的能力。这样才能正确地把握幼儿园科学教育的方向，不断提高幼儿园科学教育的质量。

（一）教师要有先进的科学教育理念

幼儿园科学教育与以往的常识教育不同，也不应该只是加上一些新内容和动手操作环节的常识教育。任何科学的探索都来自兴趣，培养幼儿科学学习兴趣的意义远大于向幼儿传授一些科学知识。在某种程度上幼儿与科学家有着一些共同的特征，教师要把幼儿当作一个小小"科学家"来看待。未知世界对幼儿具有极大的吸引力，对成人来说已知的世界，在幼儿眼中却是未知的，他们会为了探索未知的世界而不知疲倦。幼儿具有自己探索外部世界的强烈动机。教师要及时地改进自己的教学方法，尽可能地放手让幼儿自己去探索未知的世界。

（二）教师应具有一定的科学素养

很难想象，一个对科学丝毫不感兴趣的教师能激发本班幼儿参加科学教育活动的兴趣。幼儿园科学教育教师应具备一定的动手实验的能力，具备一定的科学基础知识，能够在幼儿需要帮助时给予帮助。同时，教师要有敏锐的观察力，并乐意与幼儿一起去探究"未知"的科学世界。这样的教师才能在教育中把握住科学课程的教学方向。而目前，国内幼儿园科学教育教师的科学素养普遍较低，主要表现在：第一，对科学的理解模糊不清，还没有形成正确的科学世界观；第二，缺乏良好的科学精神和正确的科学态度，不重视培养幼儿的科学精神、态度；第三，科学探究能力亟待提高；第四，科学知识更新缓慢，对最新的科学发展动态的关注不够。

如果教师不重视提高自己的科学素养，那么就会对幼儿提出的一些科学问题感到束手无策，甚至会给幼儿一个错误的答案，这对幼儿的成长是极为不利的，特别是对幼儿科学素养的提高极为不利。第一，幼儿在知道正确的答案后，会质疑教师的权威性；第二，幼儿会根据教师的错误答案从错误的思维方向去发展自己的思想，对于幼儿来说，这个危害太大了。教师在面对一个自己无法回答的问题时，除了轻松地说"老师也不知道"外，还应该再说一句"让我们一起来寻找答案吧"。教师对未知领域不必惶惶不安，可抓住机会引导好奇心被激发出来的幼儿一起研究，共享发现的快乐，而不要让他们盲目摸索，更不能给幼儿错误的概念。教师说出"我们一起来寻找"这句话不仅体现了其负责任的态度，更体现了其对科学的追求。

对教师的评价要从入职开始，特别是科学素养方面的考核。幼儿园应考核其凭借已掌握的科学知识与科学方法能否胜任幼儿园教师，考核其幼儿园科学教育教学的技能是否达标。对教师科学素养的考核要贯穿幼儿教师的整个职业生涯。对入职后的教师的科学素养的考核重点在于，观察教师能否在日常的科学教育活动中很好地展现他的科学素养。

三、幼儿科学素养发展评价的内容与标准

评价引导着幼儿园科学教育的发展方向。在确立幼儿科学素质发展的评价标准时，如果以幼儿掌握知识的多少为标准，将会弱化科学精神和科学探究能力的价值；如果以幼儿智商的高低和智力测验的方式来进行衡量，将无法真实地反映幼儿乐学的态度和探究、解决实际问题的能力。对幼儿科学素质发展的评价指标，应包含以下几个方面。

（一）科学基础知识

幼儿园科学教育中的科学基础知识应包括如下内容：在获得感性经验的基础上，掌握与周围的事物、现象有关的基本科学概念。如对周围常见的动植物、空气、水等物质有初步的认识，也可以对天文、季节、气候、物理、化学、科技等各种现象有初步的认识。

（二）科学精神与态度

1. 有探索科学的兴趣。
2. 乐于思考并有创新精神。
3. 能从科学学习中获得成就感。
4. 具有批判精神与独立开展活动的能力。
5. 具有团队合作精神。

（三）科学探究能力

1. 提出问题的能力。
2. 使用工具的能力。
3. 深度探究问题的能力。
4. 整理信息、发现关系与规律的能力。
5. 与他人分享信息的能力。

第四节　幼儿园科学教育活动评价的类型及方法

一、幼儿园科学教育活动评价的类型

根据评价的功能和用途来划分，幼儿园科学教育活动评价大致分为三类。

（一）诊断性评价

诊断性评价是指在幼儿园科学教育活动开始之前，为使科学教育活动计划更有效地实施而进行的预测性评价。其目的在于了解评价对象的基本情况，为制定教育计划或解决问题搜集资料、做好准备。比如，在幼儿刚入园时，教师会有目的地通过创设情境的方式对幼儿的兴趣爱好、发展水平进行摸底，以便了解每个幼儿的发展情况，发现其个性特征和发展特点，因材施教。

（二）形成性评价

形成性评价是一种在事物发展进程中进行的评价，具有反馈的功能，它的目的是监督事物的发展过程，并调整、修正发展进程。这类评价将原来预定的发展目标作为评价依据，关注科学教育活动的过程，关键作用是形成有效的教育活动信息反馈机制。幼儿园科学教育活动的形成性评价是通过对幼儿的学习情况的评价，影响幼儿学习科学的过程的一种评价模式。这种评价主要反映在科学教育活动持续进行的过程中，通过了解、鉴定教育活动的进展，及时获取调节或改进活动的依据，以增强科学教育活动的实效。它是一种动态性评价，获取的评价信息数量大、范围广。

幼儿园科学教育活动是发生在特定的情景和背景之下的，是由不同的教师、幼儿和环境之间的互动构成的。科学教育活动本身是一个动态的、变化的、带有不确定性的过程，因此随着活动的推进，对构成活动的诸多要素之间的关系进行的评价也是一个动态的过程。形成性评价对及时获取有效信息、把握活动状况、调整教学指导策略、促进幼儿的有效学习具有重要的作用。一般情况下，形成性评价可以通过观察、谈话、作品分析等非正式的评价方法来进行，通过观察幼儿的具有典型意义的行为表现或积累一定的幼儿作品，了解和获取幼儿在活动中的发展状况和信息，以促进教师及时调整教育活动的环境、策略，并为进一步满足幼儿的学习需要，支持幼儿进行深入学习与探究提供依据。

（三）总结性评价

总结性评价是一种在事物发展的某一阶段之后进行的评价。幼儿园科学教育活动的总结性评价，是在完成某一具体教育活动或某一单元、某一阶段的教育活动之后进行的总结和评定。它与科学教育活动目标的达成程度紧密相关，其目的是了解科学教育活动的整体效果，即活动目标达成的程度。

诊断性评价为科学教育活动的规划、实施提供科学的预测性依据，形成性评价关注活动过程，总结性评价则关注活动的阶段性结果，同时对之后的新阶段的科学教育活动具有诊断性评价的作用。随着幼儿园科学教育改革和科学研究的不断深入，诊断性评价、形成性评价和终结性评价也被广泛地应用于幼儿园科学教育活动评价之中，为教育活动的设计与实施提供科学的分析结果和反馈信息，能够有效促进幼儿的学习与发展，以及教师的专业成长。

二、幼儿园科学教育活动评价的方法

（一）观察法

观察法是指在自然条件下有目的、有计划地对观察对象及其行为表现进行考察、记录、分析的一种评价方法。它的作用在于收集信息，为最后的决策提供建议，为评价幼儿科学能力的成长情况打下基础。

观察法适用于对幼儿或对教师进行的评价。当观察对象为幼儿时，可以通过观察幼儿的表现来评价幼儿的情感态度、性格特征、兴趣爱好、认知特点、发展水平和习惯养成情况，同时也可以通过观察幼儿的反应进而对教师进行评价。如观察幼儿对活动是否投入，在活动中是高兴还是烦躁，据此可以判断教师在活动内容的选择、设计等方面的水平。当观察对象为教师时，可以观察教师的各种表现，如语言是否形象、生动、流畅、儿童化，创设的环境是否满足幼儿探索的需求，对偶发性事件的处理是否妥当等，为评价教师提供真实、具象的第一手资料，同时在活动中对教师的观察也离不开对幼儿活动状态和活动效果的观察。由此可见，在幼儿园教育活动评价中，往往是将观察幼儿和观察教师紧密结合的。

为了提高观察的可靠性与精确度，一方面应使观察常态化，并及时将观察行为转化为观察记录，如师生活动行为日志或轶事报告等观察笔记，为教育活动评价提供具体、全面和有说服力的资料；另一方面，在有目的、有计划地进行仔细观察的基础上，应加强对观察材料的不断整理、分析，采用等级量表、汇总统计等方法，不断优化形成性评价和总结性评价的流程。

观察法在评价活动中的应用非常广泛，常用的观察方法有行为检核、情境观察和事件详录等。

1. 行为检核

行为检核就是在观察之前，依据评价的内容确定观察的目标，并制成一份观察行为检核表，将要观察的行为列在表中。实际观察时，观察者只要对照行为检核表中的各个项目进行逐条检核，并在符合的条目上做记号就可以了。

行为检核这种观察方法对观察者的要求不高，实施起来比较方便。但在观察之前需要制定一份观察行为检核表。检核表中的行为必须反映想要评价的内容，而且具有一定的代表性。

行为检核可以通过现场的观察和记录来进行，也可以通过面对面的测试来进行，如向幼儿提出指定的问题，观察其对问题的行为反应并进行评判。

2. 情境观察

情境观察，就是由评价者创设一个特殊的情境，将评价对象置于其中，通过观察评价对象在这个情境中的行为反应来获取评价资料。这种方法比较适合幼儿。由于这种方法是在有控制的情境中进行的，能排除一些无关因素的干扰，观察的效率也较高，所以被越来越多地应用于教学评价中。

例如，教师可以运用情境观察的方法，评价幼儿观察能力的发展情况。观察能力是一种综合能力，因此对观察能力的评价也应体现综合性。通过情境观察，我们能够更加细致地了解幼儿。此外，通过观察幼儿的观察行为、询问其观察结果，能够获得丰富的评价材料。

将观察的结果量化后我们发现，幼儿在观察中不仅能够主动运用多种感官，还能通过表达交流、比较、探究以及思考活动等获取全面、丰富而细致的信息。

除了量化分析，我们还了解到许多有关幼儿观察能力发展的具体行为表现：

多数幼儿能用各种感官进行观察，如除了用眼睛看，还会用手摸花瓣、用鼻子闻花的气味、用耳朵听叶子摇动的声音等。

很多幼儿在观察类活动中会对观察的对象进行全面细致的比较，如有的幼儿比较了不同的花，发现有的花开在树上，有的花开在地上；花蕊的颜色和形状不一样；花的颜色和形状也不一样；叶子长得不一样；花苞不一样；有的花瓣光滑，有的花瓣粗糙；等等。

不少幼儿喜欢在观察的过程中动手操作以获取信息。如有的幼儿会用手抠开花苞，探索它里面的秘密；有的幼儿会把叶子轻轻撕开，发现它原来有两层；还有的幼儿会用手轻轻触碰花粉和花瓣，发现花瓣很容易凋落；等等。

有的幼儿在观察的过程中还能通过推测得出结论。如有的幼儿发现花里面有长长的、竖着的东西，推测说这可能是花蕊；还有的幼儿看到有的叶子青、有的叶子黄，有的叶子颜色深、有的叶子颜色浅，推测黄的叶子已经很老了，颜色浅的叶子可能是新长出来的，叶子上的斑可能是被虫蛀的。

很多幼儿观察细致、敏锐，能发现许多细节或不为他人所注意的事物，如他们观察到，有的"草"是贴在地上长的（指青苔），有的叶子一半红、一半绿，有的叶子长在树干上，没有长大的叶子是卷着的，以及花瓣的厚薄，花粉的颜色、特点，叶脉的多少等，甚至还有幼儿发现地上有小小的西瓜虫，等等。

可以看出，情境观察不仅能使我们获得定量化的资料，也能为我们提供丰富而具体的评价材料。

3. 事件详录

事件详录，就是详细记录某种特定行为或事件的完整过程，并进行评价。一般在开始观察之前，观察者就已明确想观察的行为或事件的类型，在观察时只需等候这些行为或事件的发生就可以了。

事件详录对观察者的要求比较高。它没有现成的记录表格，完全靠事件发生时的速记。但是这种方法也有优点，它便于教师灵活地记载日常观察到的幼儿行为，并进行评价。而且通过事件详录获取的资料比通过前面两种方法获取的资料更加生动、具体，更能完整地反映幼儿行为的全貌。

教师在日常工作中的评价，就可以通过事件详录的方法进行。通过日积月累，教师也能掌握很丰富的关于幼儿行为的资料。比如，幼儿在日常生活中经常会表现出各种科学探究行为，或者向教师提出各种各样的问题，教师如果把这些事件及时、详细地记录下来，就可以了解幼儿对周围的哪些事物比较感兴趣，他们提出了哪些问题，他们是怎样进行探索的，哪些幼儿更富有科学探究的精神，等等。

（二）谈话法

谈话法是指通过与被访谈者面对面交谈来获得评价信息的方法。谈话对象可以是幼儿、教师、家长等。谈话法可分为直接问答的谈话（一问一答）、选择答案的谈话、自由回答的谈话、自然谈话等。教师在运用谈话法时可采用录音记录的方式保存资料，也可用"图＋文"的方式将谈话的内容记录、展示出来，与幼儿和家长、其他教师分享。

但是访谈方法对访谈者的素质要求是非常高的。它不仅要求访谈者对访谈的内容非常熟悉，还要求访谈者本人具有较高的语言能力和敏锐的洞察力，善于倾听对方和理解对方。

访谈的形式多种多样，可以进行小组访谈，即同时访谈多个对象，也可以进行个别访谈；可以进行封闭式的访谈（即限定问题的访谈），也可以进行开放式的访谈。

不管采用何种访谈形式，访谈者事先都需要准备详细的访谈提纲，包括访谈的程序、中心问题、附加问题等；要注意访谈中的问题不能太多，尽量避免提出和主题无关的问题。提问时，要先从一般性的问题开始，逐渐深入到具体的问题。访谈的目的是什么？访谈的对象是谁？访谈的话题有哪些？都要做到心中有数。

教师在日常生活中要花时间和幼儿交谈，倾听他们的想法，多提一些开放性的问题，这是诱导幼儿说出真实想法的一种方法。值得一提的是，对幼儿来说，访谈是最让他们感到轻松的方法。因为访谈是在一种平等的气氛中进行的，幼儿可以表露他的真实想法。在幼儿园科学教育活动的评价中，我们应该充分利用访谈的方法获取评价资料。

一位教师在了解幼儿心中的"虫子"的概念时，就运用了访谈的方法。她拟出了几个中心问题：

1. "你喜欢虫子吗？为什么？"

2. "你知道哪些虫子？"

3. "蜜蜂、蚊子、苍蝇……是虫子吗？为什么？"

通过交谈，她发现幼儿有很多想法，甚至有些想法是自己不知道的。比如她和某一个幼儿的谈话是这样的：

"你喜欢虫子吗？"

"不喜欢。"

"为什么不喜欢？"

"虫子不好，会咬人。"

"你知道哪些虫子？"

"我知道好多虫子，就是不知道名字。"

"蚂蚁是虫子吗？"

"蚂蚁不是虫子，它就是蚂蚁。"

"蚊子是虫子吗？"

"蚊子是虫子，它会咬人。"

"苍蝇是虫子吗？"

"苍蝇也是，它会咬人。"

在这位幼儿的心中，虫子被定义为会咬人的东西。而只有通过谈话的方法，我们才能如此真切地了解幼儿的这些想法。

谈话法也适用于教师、家长等评价对象。它比问卷调查更直接，更有人情味，因而也更便于评价者获取真实的资料。比如，我们想全面地评价幼儿对自然界的情感和态度，但是通过观察得到的资料有很大的局限性，特别是不能看出幼儿在日常生活中表现出的对自然界的情感和态度，此时我们就可以通过对教师和家长的访谈，了解幼儿平时在幼儿园中表现出的对大自然的情感和态度，了解幼儿在家中是否表现出对自然的关注等情况。

（三）问卷调查法

问卷调查法是一种书面调查方法。它是评价者根据评价目的，向被调查对象发放事先设计好的问卷调查表，待回答完毕后及时回收，集中进行阅读、统计与分析的一种评价方法。

问卷调查法和其他评价方法相比，缺少"面对面"的沟通，获得的信息也不够深入、细致，但它具有简便易行的优点，能在较短的时间内获得大量的反馈信息，而且便于进行统计分析。在幼儿园科学教育活动的评价中，这种方法经常用于对教师和家长的评价。

问卷调查的关键在于问卷的设计和编制。为了获得满意的调查结果，在设计问卷时，应该注意选择恰当的题型。一般来说，填空题、选择题、判断题、排序题都是比较便于作答的题型，而且比较容易统计。问答题是指让调查对象按照自己的想法自由作答的问题，不仅回答费时，而且结果难以处理，除非那些很有必要深入了解或者调查者认为需要摸底的问题，否则尽量少用问答题。

下面具体介绍问卷的结构及其设计。

1. 问卷的基本结构

问卷的基本结构是：标题、介绍词、填表说明、调查项目、结语五个部分。

（1）主题

标题就是调查的主题。

（2）介绍词

介绍调查单位和调查者的身份，简要说明调查的内容和目的；说明调查对象的选取方式和对调查结果的保密措施。介绍词要谦虚、真挚、简洁、明确、可读性强。

（3）填表说明

对填表的方法、要求、注意事项等做一个总的说明。语言要简明易懂。另外，对那些特殊问题或比较复杂的问题必须分别进行说明。

（4）调查项目

调查项目是问卷的主要部分，一般包括调查对象的基本情况（如年龄、性别、兴趣等）、行为情况、态度情况三个方面。

（5）结语

结语可简短地对调查对象的合作表示真挚的感谢，也可向调查对象征询对该问卷的看法和感受。

2. 问题及选项设计

问题和选项的设计是问卷的主体，问题的形式一般有开放式问题、封闭式问题、半开放半封闭式问题。在设计问题和选项的过程中要遵循以下要求：

（1）问题设计的要求

问题设计要围绕调查项目进行，应具体明确，避免复合性问题，避免带有倾向性和诱导性的问题，不要直接提出带有敏感性或威胁性的问题。

在问题的表述方式上，也要精心考虑。比如，在词语的使用上，要考虑到被调查者的知识背景。如果是对家长的调查，要尽量采用简短、明确的话语。调查者提出的问题不能带有暗示性，更不能带有倾向性，以免出现被调查者"讨好"调查者的现象。

（2）选项设计的要求

选项的设计要符合实际情况；具有穷尽性和互斥性；选项只能按一个标准分类；程度式选项应按一定顺序排列，前后对称，间距相等。

问题设计好后，要进行呈现，题目呈现的方式往往会影响调查对象的选择，因此需注意以下几点：

① 题目的排列顺序：应当以简单的事实性问题或易于引起调查对象兴趣的问题作为开头，复杂或敏感的问题应放在靠近结尾的地方。总之，题目要以自然、有逻辑、谈话的方式有序呈现。

② 题目与选项的空间位置：问题与选项应相对靠近、集中，避免填答者漏读某些部分而影响选择的客观性。

③ 指示语的呈现：指示语应放在显而易见处，可用黑体字或方框列出，与题目相区分。

④ 同类性质的问题应排列在一起，以利于调查对象思考。

⑤ 可以相互检验的问题必须分隔开，否则起不到验证的作用。

近年来，也出现了以幼儿为对象的问卷调查，但面向幼儿的问卷要尽量用图画的方式呈现。而且在调查时，要由调查者指导幼儿阅读问卷，当幼儿理解后方可作答。

面向幼儿的问卷调查，还可采用口头式的测查来进行，即由教师口述问题，让幼儿口头回答。教师根据幼儿的回答进行评价。在具体运用这一方法时，应采取一定的隔离措施，以免幼儿之间相互干扰。

上面具体介绍了各种收集评价资料的方法。在实际评价中，我们选择的方法一要服从评价的目标，二要考虑到幼儿行为表现的特点。在收集资料时，要采取正式和非正式相结合、开放与封闭相结合的手段，即既要有封闭式、标准化的测试，也要有开放性、随机性的评价。在对收集的资料进行分析、评价时，要坚持质的分析和量的分析相结合的原则，这样才能全面地理解所得信息。

总之，幼儿园科学教育活动的评价方法是多种多样的，我们应根据评价目标和意图精心选择，合理使用。

知识巩固

1. (   ) 是指通过对学生学习进展情况进行评价，进而影响学生学习过程的一种评价模式。

A. 内部评价

B. 形成性评价

C. 总结性评价

D. 正式评价

2. 试简述幼儿园科学教育活动评价的原则。

3. 试列举幼儿园科学教育活动评价的常用方法。

【参考答案】

1. B

2. 试简述幼儿园教育活动评价的原则。

（1）目的性原则

（2）可比性原则

（3）全面性原则

（4）动态性原则

（5）尊重性原则

（6）科学性原则

（7）情境性原则

（8）个别性原则

3. 试列举幼儿园教育活动评价的常用方法。

（1）观察法

（2）谈话法

（3）问卷调查法

附　录　幼儿园科学教育活动指导手册

观课、议课和说课，是幼儿教师进行教育评价和教育研究必备的基本技能和专业核心能力之一。

一、观课技能及其训练

（一）观课的含义

观课是课堂参与者（执教者、观课者）相互提供教学信息，共同收集和感受课堂信息，在拥有充足的信息的基础上，围绕共同关心的问题进行对话和反思，以改进教学的教师研修活动。它是教师进行课堂教学研究和教育活动评价的重要手段和常用方法。

作为教育评价与教育研究的一种范畴，观课包括作为教师教育方式的观课、作为理论研究方法的观课和作为考评手段的观课。这里我们主要学习作为教师教育方式的观课技能，又称同事互助观课，其以教师专业发展为目的，是一种横向的同事互助指导活动，不含自上而下的考核成分和权威指导成分，而是教师之间的互助指导式的听课。其目的主要是观课双方——观课者和授课者，在观课过程中对某些预设的，大家都关心的课题进行研讨、分析和相互交流，以改进教学行为，提高教学水平。

在学前教育领域，幼儿园课程是以教育活动的形式组织实施和呈现的。

对幼儿园而言，"课"是幼儿园课程，是幼儿园教育活动，包括幼儿园游戏活动、一日生活常规活动、集体教学活动、区角活动等。所以，幼儿园的观课应包括对幼儿园各类教育活动的观摩与交流，是对幼儿园教育活动进行现场观摩的教研活动和教育评价活动，被广泛应用于幼儿园教师研修与教育活动评价中。

（二）观课的要求

1. 树立观课意识

（1）对话意识

对话关系是一种主体间的关系。一方面，对话者必须充分意识到自身的独特性。另一方面，对话强调对他人的尊重，在对话中要看到他人，在交往中要使他人成为对话者。将独立而平等的对话关系运用于观课中，既可克服甚至消除接受评判和批判的唯唯诺诺的心态，又可避免高傲、拒人于千里之外的非合作态度，实现真实的倾听和切磋。

参加幼儿园科学教育活动现场观摩，尤其应建立对话意识，围绕教育活动过程中的所有情境和现象，自觉运用所学的专业知识，积极主动地进行观察、倾听、感受、认知、质疑、求教和大胆交流。

（2）欣赏意识

学前教育的观课不同于中小学的观课，它的观摩对象往往是幼儿园科学教育活动。观摩过程必须是以对活动组织实施者这个主体的尊重为基础的。教育活动的实施是一种有目的、有计划、有艺术性和创造性的运作过程。在这个过程中，实施活动的执教者应最大限度地发挥其教育艺术和聪明才智。观课者能充分地感受到执教主体的优点，体会到执教者成功的喜悦，同时能以积极的态度感知其中存在的价值或问题。如果观课者以不以为然或挑剔的态度观课，其结果往往是负面的。

（3）交流意识

在观摩幼儿园科学教育活动前，观课者应了解活动的相关情况，如活动主题、教师情况、教学预设、学情程度等，也可以预测活动中可能存在的问题，带着对某一问题的思考进行观摩。有了这些交流的基础，观课者才能在观课时有较好的切入角度和层面。执教者和观课者在观课前后都应该有交流，随着观课者专业化程度的提升，观课前交流的作用会逐渐超过观课后交流的作用。不过，目前我们对观摩活动前的交流缺乏足够的重视。

（4）分享意识

在观摩幼儿园科学教育活动的过程中，观课者要积极地参与执教者的工作，这样才能分享执教者成功的喜悦。这样的意识有利于发挥观课者的主观能动作用，避免观课者处于被动听课的境地。比如，活动前，根据活动方案主动参与活动场地布置、活动材料发放；活动中，根据活动进程找准可以介入活动的角色，巧妙参与互动；活动后，带着疑惑或赞赏主动与执教者进行交流和讨论。

2. 把握观课环节

观课活动往往分三步推进，即观课前的准备、观课中的表现和观课后的交流反思。

（1）观课前的准备

这一环节的准备工作可分为三个层次。

第一个层次是一般性的准备。在观摩前了解活动的基本情况，如熟悉活动内容、活动计划，设想一下如何实施活动方案，甚至可以了解一下活动班级幼儿的情况，包括幼儿的已有经验、兴趣爱好、学习习惯等。

第二个层次是提前尝试模拟试教。尝试根据活动方案模拟试教，揣摩活动中幼儿对各活动环节的可能反应，总体把握活动流程和思路。可以将第一、第二两个层次的准备工作综合起来。

第三个层次是指观课者与执教者在观摩活动开始前的积极互动。在完成前两个层次的准备工作的基础上，主动征求执教教师的意见，形成所要探讨的问题或主题，带着问题或主题去观课。

（2）观课中的表现

观课者在观课过程中应扮演三种角色：授课者、学习者和观课者，而且要根据情况随时实现这三种角色的转换。

①授课者。观课者在观课时，对授课者课堂的出色表现或不足之处要进行客观分析，不能不顾现实情况无限设想授课者的能力而做出不恰当的判断。要设想自己就是授课者，设想自己面临课堂上的某种情况时可能会采取的处理办法，或能达到的程度，这样才能准确判断，有所收获。

②学习者。牢记自己是学生，活动观摩现场是一线课堂，要时刻提醒自己思考"要怎样学习才能有较高的课堂效率"等问题。

③观课者。"旁观者清"，"观课者"角度有利于我们冷静地对待课堂上的一切。一是认真观察，注意搜集活动中能捕捉到的信息，特别是可视线索，如面部表情、手势、身体语言等；二是记录，最简单的记录方式是笔录，有条件的听课者可以利用手机或录音机、录像机等设备进行音频、视频记录；三是要注重深入地分析、思考，形成自己的独立见解。

（3）观课后的交流反思

观摩活动结束后，交流的焦点是活动目标、活动内容、活动环境创设与利用、活动过程组织、教师的"教"和幼儿的"学"，但观课者、被观课者都不要急于找结论，而应先对原先计划的内容展开探讨。在交流反思和互动中追求对科学教育活动的"重构"和"重建"，这才是幼儿园开展科学教育观摩实践活动最基本的目的，即通过交流反思，使自己对某个问题的思考有质的突破。交流反思要在"观课"的具体情境下进行，观课、授课双方都要审视自己的经验，解决自己的问题，这样才能不断提升自己的能力，实现双赢。

观课活动通常采用五字法进行，即听、看、想、记、谈。

听——听幼儿和教师在科学教育活动中的语言表达与交流方式。

看——看幼儿和教师在科学教育活动过程中的一切活动及其表现。

想——想教育活动的目标、内容、过程、效果，想教师的组织指导和幼儿的学习与发展的关系。

记——记科学教育活动的主要过程及细节，记教师的活动组织与指导情况，记幼儿活动过程的具体表现。记录时可以采用附表1所示的观课日志样表。

附表 1   观课日志样表

执教者		活动班级		观课事件	
活动名称				活动类别	
活动过程纪实					评点

谈——与教师和幼儿交谈。可先请教师谈这堂课的教学设计与感受，再请幼儿谈对这节课的感受。最后，由观课者谈自己对这节课总的看法，谈这节课的特色，谈听这节课受到的启迪与所学到的经验，谈这节课的不足之处，谈自己的思考与建议。

（三）观课技能训练

组织一次幼儿园教育观摩活动，完成如下任务：

第一，观摩前根据活动方案完成观摩前的准备，明确观察目标，拟定活动观察点。

第二，参加观摩活动并运用合适的工具和恰当的方式做好观摩记录。

第三，组织观摩现场的观课者与执教者进行交流与反思活动。

（四）观课记录案例

【观摩地点】

幼儿园大二班

【执教者】

吴老师

【活动名称】

屋顶上的秘密

【活动目标】

1. 感受屋顶的不同及其与我们生活的关系。
2. 尝试在问题情境中表述自己的想法，提高自己观察和分析问题的能力。

【活动准备】

照片、录像，幼儿对屋顶上的秘密要有一定的前期探索经验。

【活动过程记录】

1. 回忆、交流屋顶上的不同设施

（1）出示图片，引出话题

教师：秘密，什么是秘密啊？（不让别人知道的事）对啊，悄悄地，不让别人知道的事，对吧！

教师：那么最近我们讲了谁的秘密？（打开写有"屋顶上的秘密"的纸）

教师：哎哟，你们知道的很多，最近我们一直在找屋顶上的秘密。

教师：屋顶上有很多秘密，是吗？谁先来告诉老师，你们发现自己家的屋顶上都有什么呀？（水箱）

教师：我们把话说完整（我们家的屋顶上有太阳能热水器）。

教师：观察得真仔细，你连太阳能热水器这个名字都知道。跟它（水箱）一样，对吗？有没有不同？（我们家的屋顶上有水管）

教师：上次你告诉我，有什么？（鸽子）噢，他家的屋顶上有鸽子棚。（我们家的屋顶上有避雷针）

教师：每一幢房的顶部都有避雷针，你说（我们家的屋顶上有卫星接收器）。哦，他们家的屋顶上还有这个东西。好，这些东西在一般小区的屋顶上都能看见，对吗？

（2）呈现前期孩子们探索的内容（一组照片），幼儿互相提问，交流与丰富彼此的经验，并解决几个遗留问题

教师：前两天我们看了这些照片，小朋友们还有一些问题没有解决，今天看看能不能把这些问题全部解决掉。

教师：我们来看一看上海美丽的夜景，（出示照片）这张认识吗？（东方明珠）

教师：我们再看这张，被这张难倒啦？这张照片里的是什么建筑？（上海大剧院）小朋友们真聪明。

教师：大家说这个建筑叫什么？（上海大剧院）这个剧院屋顶的灯晚上反过来往上一打，很漂亮。原来屋顶上的灯用处是不一样的，有些灯是起装饰作用的，有些灯是起提示作用的，比如之前学过的航空警示灯，就是用来告诉飞行员底下有高楼的。

2．发现、感受一些有趣的屋顶

（1）出示一组照片（可根据活动内容选择相应的照片），猜猜教师去了哪里，结合已有经验说出理由

教师：前两天我出去玩了，我用照相机把我去过的地方全部拍下来了，现在我请你们来看一看，猜猜我到哪里去玩了，看谁看得仔细，谁第一个猜？我到哪里去玩了？你说。（你到空中百鸟园去玩了）

教师：哎，怎么一猜就猜中了！（你去了南京路步行街）你怎么知道的？你去过了？

教师：你猜我到哪里去了？（你去公园玩了）

教师：你从哪里看出的？（是中间那张）

教师：你看见什么啦？（中间那张有小鸟）

教师：哎，所以你猜我去公园玩了。你猜中了。（去逛街）（空中鸟园）

教师：你觉得我去空中鸟园玩了！还有吗？（你去了餐厅）你从哪里看出来我了餐厅？左边最上面一张，是的，这个地方我去过了，还喝了一点儿饮料，（你去了美术馆）你从哪里看出来的？（右边下面一张，你去美术馆看美术了）

教师：已经三个地方了，公园、美术馆、步行街。（你去海洋馆了）

教师：海洋馆在哪里呀？（左下角）你看见什么了？（乌龟）喔，看见水里的动物了！你们已经说了很多，我们来数一数，有的说公园、美术馆、步行街、鸟园、海洋馆。一共几个地方？（5个）被小朋友猜中了。

（2）了解空中百鸟园在何处，猜猜为何屋顶上有百鸟园

教师：我去了一个屋顶，一个很好玩儿的屋顶。屋顶上我可以玩儿，可以品尝、休息，可以和这么多鸟亲密接触。我还可以看图片展，还可以在这里逛风景，好舒服，其实已经有小朋友说对了，你知道它在哪里吗？（南京路步行街）

教师：为什么是南京路步行街？你说。（人很多）人们都在那里步行，人可以走在马路当中，只有南京路步行街了，对不对？还看见什么了？（空中百鸟园）

教师：为什么叫空中？（许多鸟在空中）你说！（屋顶公园）哎，很别致，屋顶公园不错！因为有吃，有玩儿，有看，很不错。

223

教师：你说。（屋顶花园）也可以，你说。（永安花园）

教师：那么我们看看永安公司总经理给它取了什么名字？（空中百鸟园）漏了两个字。（永安空中百鸟园）

教师：奇怪啊奇怪，总经理为什么在屋顶上放空中百鸟园？

教师：干吗要这样做？（想让世界上的人开心一点儿）

教师：你真是一个善良的孩子！

教师：还有呢？（保护小鸟）可能人和动物是好朋友！（想让人舒服一点儿）走累了可以去休息一下。（多赚点儿钱）为什么楼顶上这个东西可以赚钱？你觉得到这个地方去要付费的吗？

教师：我来告诉你们，去这个地方是免费的，不要钱的。有空的时候去玩一玩！我们大家来听一听，这个总经理是怎么说的！

（3）请幼儿观看永安公司经理介绍百鸟园的录像

教师：听明白了吗？其他小朋友还听到了什么？你说，（要让顾客和动物亲密接触）我发现你们的耳朵很棒哎！

教师：还听到了什么？（娱乐、休闲）这个经理说得很有条理。我们一起再来听一听！

教师：可能他的话你听不明白，"带动客流量，提高经济效益"，带动客流量是什么意思？你说。（赚钱）顾客多了，提高经济效益。（带动经济效益）有人说小朋友的想象力是很厉害的！没错！好多东西都让你们猜中了，你们很棒呀！

（4）再猜一张照片，这是什么地方？上面会有什么

教师：你们真棒，再来考考你们，（好）再看一张照片，这张照片是什么，谁看出来了？（高楼）看出高楼来接着往下猜！这幢高楼是干什么的？（上班用的）是商务楼，上班用的，你看出来了。（医院）

教师：你怎么知道是医院的？（上面是医院）是猜的，接着往下猜！

教师：你们的眼睛不得了，藏在角落里的也知道？是什么标志？（红十字）所以叫它红十字，看看是不是红十字。屋顶上有什么？（飞机）

教师：这是一家什么医院？（上海长征医院）

教师：对了，请注意观察上海长征医院屋顶是什么形状的？（圆形）

教师：猜猜这个圆形屋顶上会有什么？（餐厅）！

教师：我们上去看看！在屋顶上看到了什么？（圆圈）

教师：还有什么？有餐厅吗？到底干什么的？（有飞机的）

教师：哦！飞机停在那里？这里可能有飞机吗？再往下看。（有）

教师：哎，很棒，给他鼓掌，真的有飞机，什么飞机？（直升机）

教师：哎，奇怪了，上海长征医院屋顶干吗要有飞机，你说！（万一这个地方没有医院，这个直升机开过去救人）

教师：哎，很有可能！你说，（如果家很远，附近没有医院，直升机就可以救你）对，因为直升机速度很快。还有吗，除了路远，还有什么时候可以用直升机？（当病人病重的时候）非常好，我就喜欢跟别人不一样的答案。

教师：有的小朋友说路远，这个小朋友告诉我当病人病重的时候，也可以用直升机帮帮忙。我们来看一看，这是吴老师在报纸上找到的新闻，是用直升机救人的。老师把它放在电脑里，并且打印了出来，我来念给你们听听（直升机救人的事）。

教师：我的新闻读完了，原来屋顶上的东西不是随便摆放的，屋顶上的东西和这个房子里的人和事有关。

教师：医院的平台可以用来救人，而高楼上的屋顶可以让人休闲、娱乐。

教师：你们还知道其他屋顶吗？（旋转）你知道有旋转餐厅。

教师：还知道屋顶上有什么有趣的事？（有的屋顶是这样子的）交错的。还有什么？（游泳池）对，我也看见过，有的屋顶上有游泳池，很好玩儿。

教师：你又想到了？（有的屋顶上有保龄球）屋顶不是随便造的，它都和房子有关系，而且有些屋顶造出来特别有趣，特别好玩儿。

3. 讨论、设计幼儿园屋顶平台——运用经验

教师：小朋友们，最后考你们一个有关屋顶的问题，你们要猜得快，因为这个屋顶你们很熟悉。（幼儿园）哪里看出来的？说了那么多屋顶，现在也来说说我们幼儿园的屋顶，我们幼儿园的屋顶上有什么？（小房子）（操场）（栏杆）

教师：我想起来了，刚刚我们讲长征医院的时候也看见了栏杆。

教师：我来问问你们，为什么屋顶上要装栏杆？（保护我们）

教师：小朋友们记住我的话，爬屋顶是很危险的。你们上屋顶的时候一定要有爸爸妈妈在身边陪着。

教师：那么我们幼儿园的屋顶除了有保护你们的栏杆，有操场、小房子还

有什么？（煤气管）

教师：和我们看到的屋顶相比，我们的屋顶怎么样？（不好玩儿）我同意。

教师：所以要想办法改进，有没有想过怎么样让我们幼儿园的屋顶变得好玩？（放一些好玩儿的东西）

教师：你们好好想想，放些什么好玩儿的东西？（元旦到了，放一些过节的东西）好主意，我们可以在上面开一个元旦舞会！你说，（游泳池）（玩沙的地方）这个工程比较巨大！

幼儿在讨论之后开始设计屋顶。

（五）科学区域观察记录表案例

请以"屋顶上的秘密"活动为观课内容，按照下表（附表2）进行观课记录。

附表2　观察记录表

记录人：　　　　学号：

观察时间：　　　　　　　　观察地点：
观察班级：　　　　　　　　观察对象：
观察目的：
观察实录（观察记录的重点内容如下）： 科学区观察重点：探究兴趣，认知经验（已有经验如何、通过活动获得的新经验），探究能力（观察、猜想、验证、记录、表达交流、制订计划、收集资料、整理资料的能力） （以上是安排的观察重点区内容，根据幼儿的实际情况可稍加调整。如有其他的区域可以观察，也可记录分析）

续表

幼儿行为分析：
教育措施：
反思：

二、议课技能及其训练

（一）议课的含义

议课是在观课基础上开展的对教育活动的评价，是参与者相互提供教学信息，共同收集和感受课堂信息，在充分拥有信息的基础上，围绕共同关心的问题进行对话交流，扬长避短，以改进课堂教学效果，提升教学质量，促进教师专业能力提高的一种教育评价活动。

"议"不是下结论，不是做评判，而是在观察获得信息的基础上，参与观摩活动的双方即观课者和执教者之间，围绕教育活动展开的平等的对话交流、讨论和反思的过程。

议课不等同于评课。如果说"评"是写句号的过程，那么"议"则是运用问号进行质疑、探询问题和解决问题的过程。

（二）议课的原则

1. 导向性原则

导向性原则是指进行幼儿园议课活动时要有一定的理想性和方向性，以指导议课活动向正确的方向发展。

2. 客观性原则

客观性原则是指进行幼儿园议课活动时要实事求是，不因个人好恶和个人感情影响对教育活动及其相关因素的分析和讨论。

3. 策略性原则

策略性原则是指在幼儿园议课活动中讲求方式方法，善于营造友善、和谐和宽松的议课氛围，关注议课双方的心理活动，注意语言表达的艺术性，既能让观课者积极思考、大胆表达，又能让执教者主动诠释、深刻反思、乐意接受，在轻松愉快中完成学术专业上的探讨和交流，促进双方共同成长。

（三）议课的内容

议课的内容包括"教"与"学"两个方面。

1. 教师的"教"

分析活动目标是否具体、明确，是否重难点突出。

分析活动经验准备是否建立在了解本班幼儿现状的基础上，物质准备是否丰富、充分，是否体现可操作性。

分析教育活动的内容、方式、策略、环境条件是否符合幼儿年龄水平，能否充分调动幼儿学习的积极性。

分析教育过程是否能为幼儿提供有益的学习经验，并符合其发展需要。

分析教育内容、要求能否兼顾群体需要和个体差异，使每个幼儿都能得到发展，都有成就感。

分析教师的指导是否有利于幼儿进一步探索与思考，教师的指导是否有利于扩展、整理和增加幼儿的经验。

2. 幼儿的"学"

（1）幼儿对教育活动的参与度

幼儿对教育活动的参与度主要分析幼儿在教育活动中的情绪状态、注意力状态、思维状态、生成状态和交往状态等。

（2）幼儿的学习方式

幼儿的学习方式主要分析幼儿学习方式的多样性、个别性和独特性。

（3）幼儿在教育活动中的互动程度

幼儿在教育活动中的互动程度主要分析幼儿在活动中与他人的合作交流以及互动的次数、形式以及有效性等。

（4）幼儿在教育活动中的能力

幼儿在教育活动中的能力主要分析幼儿在活动中的语言表达能力，提问、经验迁移、分析判断等思维发展能力，动手操作能力、表达能力以及创造性等。

（5）幼儿的学习习惯

幼儿的学习习惯主要分析幼儿对学习与探索活动的坚持性，克服困难的勇气和毅力，善于倾听他人、接纳他人意见以及与他人友好合作、交流协商等方面。

（6）幼儿的发展

幼儿的发展主要分析在活动中幼儿在活动中在身体、认知、语言、情感、社会性等方面获得的经验和进步。

（四）议课技能训练

结合观课活动，分小组完成议课，并全班集中交流。

三、说课技能

（一）说课的含义

说课就是教师针对某一观点、问题或具体课题口头表述其教学设想及其理论依据，也就是授课教师在备课的基础上，面对同行或教研人员，讲述自己的教学设计，然后由听者评说，达到互相交流、共同提高的目的的一种教学研究和师资培训的活动。

（二）说课的内容

幼儿园教师说课大致包括以下内容：

一说设计思路，介绍活动主题生成背景、选材特点、幼儿学情，活动的出发点。

二说活动目标，把握幼儿最近发展区，分析活动内容，从认知、情感态度、能力技能等维度阐述活动目标，目标表述应全面、具体，具有可操作性。

三说活动准备，应从教育活动的物质准备和经验准备两方面进行阐述，物质准备包括环境创设、资料收集、教具学具、玩具材料等，经验准备指教师和幼儿应具备的与活动内容关联的前期经验预知。

四说活动使用的教学法。

五说活动过程，这是说课的重点，详细介绍活动过程的具体操作方法和价值追求，一般应介绍活动共分几个环节，每个环节达到什么目的，分别采用了什么活动形式，使用了什么教学方法，教师的教法和幼儿的学法分别有哪些，如何帮助幼儿获得有益的学习经验，如何实现活动目标，等等。

六说活动反思，简要归纳活动的亮点和特色，以及从本次活动中获得的感悟与教训。

（三）说课技能训练

自选活动主题内容，完成一个幼儿园教育活动的说课稿。

分组进行说课演讲，互动互助。

各组推荐一名代表参加全班集中说课展示。

教育评价是幼儿园教育工作的重要组成部分，是调整和改进工作，促进幼儿发展，提高教育质量的必要手段。评价的过程，是教师运用专业知识审视教育实践，发现、分析、研究、解决问题的过程，也是其自我成长的重要途径。在科学教育活动评价活动中应把握目的性、可比性、全面性、情境性和动态性五大原则，对幼儿园科学教育活动质量进行测量、分析和评定，把关注点更多地聚焦在幼儿的学习与发展上；应根据评价对象和评价内容的需要，合理地选择和使用评价方式和方法。

教育工作评价宜重点考察以下方面：① 教育计划和教育活动的目标是否建立在了解本班幼儿现状的基础之上。② 教育的内容、方式、策略、环境条件是否能调动幼儿学习的积极性。③ 教育过程是否能为幼儿提供有益的学习经验，并符合其发展需要。④ 教育内容、要求能否兼顾群体需要和个体差异，使每个幼儿都能得到发展，都有成就感。⑤ 教师的指导是否有利于幼儿主动、有效地学习。

对幼儿发展状况的评估，要注意：① 明确评价的目的是了解幼儿的发展需要，以便提供更加适宜的帮助和指导。② 全面了解幼儿的发展状况，防止片面性，尤其要避免只重知识和技能，忽略情感、社会性和实际能力的倾向。③ 承认和关注幼儿的个体差异，避免用统一的标准评价不同的幼儿，在幼儿面前慎用横向比较。④ 以发展的眼光看待幼儿，既要了解其现有水平，更要关注其发展的速度、特点和倾向等。

（四）说课案例

中班科学活动："多变的触觉"说课稿

1. 设计思路

科学活动来源于生活探索，给幼儿提供材料，让幼儿亲身体验直接感知的过程，让幼儿自己操作完成，通过游戏和实验的方式让幼儿提升自己的探索欲望。《3～6岁儿童学习与发展指南》指出：儿童常常动手动脑探索物体和材料并乐在其中。《幼儿园教育指导纲要（试行）》（以下简称《纲要》）要求：为幼儿的探究活动创造宽松的环境，让每个幼儿都有机会参与尝试，支持、鼓励他们大胆提出问题。

经过一段时间的幼儿园学习和生活，中班幼儿对科学的兴趣明显加强，喜欢观察特征明显、多元、有变化且好玩的事物与现象。幼儿园科学教育活动的目的在于培养幼儿的探索欲望。良好的触觉感知有助于幼儿的人际交往，本次活动能够让幼儿实际体验探索的过程，通过多种形式探究多种触觉体验，使他们感受科学探究的过程和方法，体验活动带来的快乐。

2. 活动目标

活动目标是幼儿园活动的"指南针"，它既是活动设计的起点，也是活动设计的终点。在教学过程中，教学目标是一个非常重要的内容。《纲要》中指出：要从不同角度促进幼儿的态度、能力、知识技能等方面的发展。结合《纲要》精神和中班幼儿的发展水平、经验和需要，我制定了如下三个方面的目标：

认知目标：通过不同形式体验不同部位的多种触觉感受。

能力目标：主动探究各种触觉体验，乐于表达自己的感受。

情感目标：感受活动带来的乐趣，以及同伴间的友好。

活动重点在教学中起着决定性的作用，根据教学目标与幼儿学习水平的关系，为关注个别差异，帮助每一位幼儿全面发展，我设定了以下重难点：将通过不同形式体验不同部位多种触觉感受设为重点，将触觉活动带来的情感体验设为本活动的难点。每个孩子的发展水平不一样，对触觉的感知也不一样。

3. 活动准备

教学材料的设计与选择能激发幼儿对本次活动的兴趣，为了更好地服务于本次活动和完成活动目标，我做了以下准备：

经验准备：幼儿生活中已有触觉的不同体验。

物质准备：荔枝、苹果等水果，羽毛，小刺球，海绵垫。

空间准备：让幼儿围成一个半圆而坐。

4. 教学法

《纲要》指出：教师应成为幼儿学习的支持者、合作者、引导者。要使幼儿对本次活动具有浓厚的兴趣，教学方法尤为重要，结合活动目标和中班幼儿年龄特点，我采用的教法有以下两种。

（1）启发式教学法

启发式教学法是指教师在教学过程中，依据学习过程的客观规律，最大限度地调动幼儿的思维和学习积极性的教学方法。

（2）提问法

适当的问题有助于活跃幼儿的思维，启发学习有利于幼儿获得新知识及发展智力。提问在教学中有不可替代的作用，例如在活动中，我会向幼儿提问：生活中除了软和硬，还有哪些触觉感受？以启发幼儿思考。

在整个活动中，我始终以幼儿为主体，调动幼儿的积极性，引导幼儿在体验中获得提高，我采用的学法有以下两种：

游戏法：游戏也是幼儿最喜爱的活动，在科学活动中巧妙地将理性的科学内容融入游戏当中，能够有效地激发幼儿参与活动的热情。

体验法：心理学指出，对于积极参加体验过的活动，人的记忆效果就会明显提高。因此，为了加深幼儿对触觉的了解，我让幼儿感受不同的触觉，在这个过程中让幼儿加深体验。

5. 活动过程

活动过程是整个教育教学的中心环节，遵循由浅入深、循序渐进的原则，我设计了以下三个环节：创设情境，提出问题；开展活动，感受触觉；趣味游戏，结束活动。

（1）创设情境，提出问题

用"小熊要去参加好朋友的生日聚会"这个情境引出问题，我会这样说："今天，小熊要去参加小兔子的生日聚会，它准备用彩色的黏土给小兔子做个漂亮的礼物，可是黏土变干了，那小朋友们谁来摸摸看，是什么感觉呢？"引导幼儿说出硬硬的感觉，再请幼儿摸摸其他颜色的黏土，通过幼儿触摸黏土的软与硬，引出"触觉"一词。

我再次提问：生活中除了软和硬还有哪些触觉感受？让幼儿思考，引出多变的触觉，为下面的环节做铺垫。

（2）开展活动，感受触觉

此环节我将分为四个部分来进行活动：用"分一分"的方式让幼儿感受手的触觉，体验触觉中的光滑与粗糙；用"碰一碰"的方式感受脚的触觉，体验触觉中的痒与痛；用"爬一爬"的方式感受全身不同部位的触觉，体验触觉中温度的凉与暖；用"说一说"的方式让幼儿与同伴交流、分享自己的感受。

①分一分。在这个环节，我会为幼儿准备一些水果，并与幼儿讨论。我出示提前准备好的水果，然后说："今天老师带来了许多水果，有苹果、梨、火龙果、荔枝，小朋友来摸摸看，摸起来有什么感觉？"我随机挑选几名幼儿，让他们用手摸摸这些水果的外表。

《纲要》指出："科学教育应密切联系幼儿的实际生活进行，利用身边的事物与现象作为科学探索的对象。"活动中用到的水果就来源于我们的日常生活，也是孩子喜欢吃的东西，但他们却很少关注到它们的外表。这一部分主要是让幼儿通过分一分的形式，感受手的触觉，体验触觉中的光滑与粗糙。

②碰一碰。我出示准备好的羽毛与小刺球。首先出示羽毛，我一边念儿歌一边挠痒痒，将羽毛举起来，一手拿羽毛，一手拿毛毛虫图片，"毛毛虫呀！爬出来呀！哩哩哩哩哩哩哩……小朋友们准备好了吗？"让所有幼儿将鞋子和袜子脱掉，坐在海绵垫上，幼儿们伸出脚丫，变大树（躺下后将脚丫向上伸出），我用羽毛触碰幼儿的脚底，"痒不痒，大树爷爷笑起来呀！哈哈哈哈哈哈哈……"幼儿告诉我羽毛碰到脚底是什么感觉。（痒痒的）"现在我们的球球来了，小朋友们踩上去感受一下小脚丫是什么感觉？"（痛痛的）让幼儿在欢乐中进行游戏，你一言我一语，表达自己的感受。通过触碰脚底，让幼儿说说是什么感受。

这一部分主要是为幼儿创设了轻松愉悦的氛围，让幼儿感受活动中带来的乐趣，通过"碰一碰"的形式，感受脚的触觉，体验触觉中的"痒与痛"。

③爬一爬。我选取教室中的一块地面铺上海绵垫子，另一边是干净的地板，我会这样说："小朋友看看地面上有什么呢？哇！原来是海绵垫，小朋友们变身毛毛虫，趴在垫子上，感受垫子是什么感觉？"（软软的、暖暖的）"小朋友现在爬出来，地板上又是什么感觉呢？"（硬硬的、凉凉的）

在"爬一爬"的游戏过程中，幼儿能够体验到手心、膝盖、腿等部位的全身触觉，感受到触觉中的凉与暖。

④说一说。让小朋友与自己的小伙伴"说一说"自己通过"分一分""碰一碰""爬一爬"活动，都感受到了什么。幼儿能够感受到身体不同部位的多种触觉感受。此环节给幼儿创造了交流的环境，鼓励与引导幼儿与同伴交流、分享活动过程中的感受。此环节是本活动的重点部分，通过游戏的方法让幼儿

参与到活动中，亲身体验触觉的多样性，以突出活动的重点。

（3）趣味游戏，结束活动

此环节，我将用音乐游戏（碰一碰），让幼儿体验与同伴相互触碰的感觉，使幼儿有更好的触觉体验。让幼儿随机挑选自己的小伙伴来进行碰一碰的游戏，激发幼儿的兴趣。我会播放音乐，与幼儿一起根据歌词来做游戏。

中班幼儿处于交往期，通过"碰一碰"让幼儿感受到同伴之间的相处，在"碰一碰"中，我会提醒幼儿与小朋友一起游戏要注意安全，在音乐中结束活动。

6. 活动延伸

为了让幼儿有更好的体验，我将活动延伸到区角，让幼儿在区角里触摸别的东西，感受触觉的多样性，同时也提醒幼儿关注哪些东西不能触摸。

参考文献

[1] 姚希.幼儿园教育活动设计与实践[M].北京：机械工业出版社，2020.

[2] 吴翠玉，藏兰荣，王雅莉.幼儿园教育活动方案设计指南[M].长春：吉林人民出版社，2020.

[3] 赵洪，于桂萍.幼儿园教育活动设计与指导[M].北京：北京理工大学出版社，2018.

[4] 潘理平，潘蕾，方朝阳.幼儿园教育活动设计与实施案例教程[M].武汉：华中科技大学出版社，2020.

[5] 杨白.幼儿园教育活动设计与指导（综合版）[M].3 版.上海：复旦大学出版社，2022.

[6] 黄瑾.幼儿园教育活动设计与指导[M].3 版.上海：华东师范大学出版社，2021.

[7] 张治勇，梁艳.幼儿园教育活动设计与实施指导（修订本）[M].合肥：安徽大学出版社，2021.

[8] 王燕华，殷洁.幼儿园科学教育活动设计与指导[M].西安：陕西师范大学出版社，2021.

[9] 甄丽娜.幼儿园教育活动设计与指导[M].北京：北京师范大学出版社，2020.

[10]陈瑶.幼儿园教育活动设计与指导[M].北京：北京师范大学出版社，2020.